KB239337

대한법률연구회가 만드는 생활법률 기본지식

일반인을 위한

판결 · 공정증서
생활법률의 기본지식

법무사 **정상태** 지음

가림 M&B

대한법률연구회가 만드는 생활법률 기본지식

일반인을 위한

판결·공정증서 생활법률의 기본지식

법무사 **정상태** 지음

가림 M&B

책머리에

　법원의 재판을 받은 승소판결이 없어도 채무자의 재산을 경매에 부칠 수 있을까?
　채무자가 강제집행을 승낙한다는 뜻이 적힌 '공정증서(公正證書)'는 집행력이 있으므로 이것으로 경매에 부칠 수 있다. 판결이나 공정증서에 의하여 채무자의 재산을 경매에 부치는 것이 이른바 '강제경매'이다.

　저당권을 설정하고 돈을 빌려 주었으나, 상대방이 돈을 갚지 않으면 판결을 받지 않고도 담보된 재산을 경매에 부칠 수 있을까?
　저당권은 우선변제권과 경매권이 있으므로 판결을 받지 않고도 담보된 재산을 경매에 부칠 수 있다. 담보권에 의하여 담보된 재산을 경매에 부치는 것이 이른바 '임의경매'이다.

　이 책은 판결·공정증서에 의한 강제집행과 담보권에 의한 임의경매에 관한 해설을 담고 있는 책이다.

종전의 경우 강제경매는 '민사소송법'이, 임의경매는 '경매법'이 각 각 적용되어 양 경매 사이에는 차이점이 많았지만 '경매법'이 폐지되고 '민사소송법'에 흡수됨으로써 양 경매 사이에 차이점이 거의 없어 졌다.

민사소송법 중 제7편 강제집행을 민사소송법에서 분리 독립시켜 단 행법으로 '민사집행법'을 제정하여 2002. 7. 1.부터 시행함에 따라 2002. 6. 30.까지 법원에 신청된 이른바 '구법사건'은 개정 전 민사소 송법이 적용되고, 2002. 7. 1. 이후에 법원에 신청된 '신법사건'은 민 사집행법이 적용된다.

그래서 신·구법의 자세한 대비표를 부록으로 넣었다. 아무쪼록 많 은 참고가 되기를 바란다.

2004년 8월

정 상 태

CONTENTS

제 4 장　임의경매의 특칙

제 5 장   매수신청의 방법

| 제 2 편   동산에 대한 집행 |

제 1 장   유체동산에 대한 집행

| 부 록 |

일■러■두■기

1. ( ) 안의 숫자는 민사집행법의 조문이고, "규"는 민사집행규칙이다.

   다만, "제7장 주택임대차"의 ( ) 안의 숫자는 주택임대차보호법의 조문이고, "제8장 상가건물임대차"의 ( ) 안의 숫자는 상가건물임대차보호법의 조문이다.

2. "집행부여의 요건과 집행개시의 요건 대비표" 및 "집행문필요여부 대비표"의 조문은 개정 전 민사소송법의 조문이다.

3. 가령, "(12 ③ iv)"은 민사집행법 제12조 제3항 제4호를 줄여서 쓴 것이다.

4. 가령, "공무원연금법상의 급여를 받을 권리(같은 법 32)"의 "같은"은 공무원연금법을 말한다.

5. "구법"은 개정 전 민사소송법을 말한다.

부동산에 대한 집행

제1장

판결 · 공정증서에 의한 부동산강제경매신청

서 식 1

(표지)

부동산강제경매신청서

채권자 물금새마을금고

채무자 김 일 남

이해관계인 일람표

번호	이해관계	성 명	주 소	우편번호
1	채권자 및 가압류 채권자	물금새마을금고 대표자 이사장 박홍택	양산시 물금읍 물금리 389-7	626-812
2	채무자	김일남	양산시 남부동 290-2	626-010
3	1번 근저당권자	이이남	서울시 구로구 구로동 685-222 주공아파트 106동 203호	152-761
4	2번 근저당권자	박삼남	양산시 남부동 290-2	626-010
5	가압류채권자	삼성동 새마을금고	양산시 신기동 511-2	626-130

부동산강제경매신청서

채 권 자　　물금새마을금고
184544 – 0001493
양산시 물금읍 물금리 389 – 7
대표자 이사장 박 홍 택

채 무 자　　김 일 남
620707 – 1901111
양산시 남부동 290 – 2

청구금액　　돈 19,000,000원 및 이에 대한 1998. 4. 25.부터 위 같은 해 12. 20.까지
는 연 2할5푼의, 그 다음 날부터 1999. 6. 15.까지는 연 2할2푼의, 그 다
음부터 2000. 3. 14.까지는 연 1할8푼9리의, 그 다음 날부터 2000. 9.
27.까지는 연 1할9푼의, 그 다음 날부터 다 갚을 때까지는 연 2할5푼의
각 비율로 계산한 돈

경매할 부동산의 표시
별지 목록 기재와 같음

경매의 원인된 채권과 집행할 수 있는 집행권원

1. 채무자는 채권자에게 울산지방법원 양산시법원 2000가소 7176 대여금 사건의 확정된 판결의 집행력 있는 정본에 의하여 돈 19,000,000원 및 이에 대한 1998. 4. 25.부터 위 같은 해 12. 20.까지는 연 2할5푼의, 그 다음 날부터 1999. 6. 15.까지는 연2할2푼의, 그 다음 날부터 2000. 3. 14.까지는 연 1할8푼9리의, 그 다음날부터 2000. 9. 27. 까지는 연 1할9푼의, 그 다음 날부터 다 갚을 때까지는 연 2할5푼의 각 비율로 계산한 돈을 변제해야 할 것이나, 채무자는 이를 이행하지 않고 있습니다.

2. 그래서 채권자는 위 집행권원의 채권의 변제에 충당하기 위하여 위 부동산에 대한 강제집행절차를 개시하여 주시기 바랍니다.

첨 부 서 류

1. 집행력 있는 정본	1통
2. 송달증명 및 확정증명	각 1통
3. 부동산등기부등본	1통
4. 집행비용계산서	1통
5. 법인등기부등본	1통
6. 위임장	1통
7. 부동산 목록	30통

2004.   9.   4.

채권자 물금새마을금고
대표자 이사장 박 홍 택 (인)
(전화번호 055 - 384 - 8811)

울 산 지 방 법 원   귀중

<table>
<tr><td colspan="2" align="center">부동산의 표시와 기타</td></tr>
<tr><td>부동산의
표　시</td><td>양산시 남부동 290-3
대 177m^2</td></tr>
<tr><td>소 유 자
성　　명</td><td>김 일 남</td></tr>
<tr><td>현황, 점유
및
임 대 차
관　　계</td><td></td></tr>
<tr><td>최저매각
가　격</td><td></td></tr>
</table>

집행비용계산서

1. 청구금액   돈 19,000,000원
2. 인 지   돈 5,000원
3. 송 달 료   돈 189,000원〔2,700원×(4+3)×10(회)=189,000원〕
4. 등 록 세   돈 38,000원(19,000,000원×2/1000=38,000원)
5. 지방교육세   돈 7,600원(38,000원×2/10=7,600원)
6. 등기신청수수료   돈 2,000원〔2,000원×1(개)=2,000원〕
7. 예 납 금   돈 630,200원

〈예납금 내역〉
가. 매각수수료   돈 338,000원
　〔5,000원+198,000원(2,000원×99)+135,000원(1,500원×90)=338,000원〕
나. 현황조사수수료   돈 52,200원
다. 감정료   돈 200,000원
라. 신문공고료   돈 40,000원 〔40,000원×1(개)=40,000원〕

8. 법무사 보수   돈 228,800원

〈보수내역〉
가. 기본보수   돈 50,000원
나. 누진가산   돈 8,000원
　(9,000,000원×9/10,000=8,100원 중 100원 감액)
다. 제출대행   돈 20,000원
라. 납부대행   돈 75,000원
마. 여비, 증거물등본 및 부동산목록작성
　　　　　　　　　　　돈 55,000원
바. 부가세   돈 20,800원

9. 집행비용 합계   돈 1,100,600원

위 임 장

법무사 정 상 태

　　　양산시 북부동 386-5

위 사람을 대리인으로 정하고 다음 사항의 권한을 위임합니다.

다 음

채무자 김일남에 대한 부동산강제경매신청서 작성 및 작성된 신청서를 울산
지방법원에 제출하는 일체의 행위

서기 2004년 9월 4일

신청인 물금새마을금고

양산시 물금읍 물금리 389-7

대표자 이사장 박 홍 택 (인)

울 산 지 방 법 원 귀중

2 강제경매신청서의 기재사항

(1) 채권자와 채무자의 이름과 주소

① 채권자와 채무자의 이름과 주소는 '집행력 있는 정본'의 원고와 피고의 표시와 일치되어야 하고, 채무자의 이름·주소는 '부동산등기부등본'의 소유자의 이름·주소와 부합하여야 한다.

만일 주소가 변경된 경우에는 현재의 주소를 기재하고 판결상 주소 또는 등기부상 주소를 병기하고 동일인임을 증명하는 주민등록초본을 첨부한다(실무제요 19쪽).

② 검사의 집행명령에 터 잡아 벌금 등 재산형의 집행을 위하여 강제경매를 신청하는 경우에는, 경매신청인은 '법무부장관'이 아니고 '검사'이다(재민64-2).

(2) 집행법원

(3) 부동산의 표시

① 부동산의 표시는 '부동산등기부등본'의 부동산의 표시대로 표시한다. 미등기의 부속건물이 있거나 건물이 증·개축되어 실제 면적이나 구조가 등기부의 표시와 일치하지 아니할 때에는 그 미등기부속건물 또는 실제 건물의 구조와 면적을 아울러 표시하여야 하나, 신청단계

에서는 등기부의 표시대로 기재하였다가 현황조사보고서나 감정평
가서가 도착된 후 그 내용에 따라 표시를 하게 된다.

② 토지가 도시개발법에 의하여 환지예정지가 지정되었다 하더라도 경
매신청은 종전의 토지에 대하여 해야 하므로 '종전의 토지'를 표시한
다. 다만, 최저매각가격을 결정할 때에는 환지예정지의 위치 · 면적
등이 참작되어야 하며, 매각기일 공고를 할 때에는 환지예정지 지정
의 내용을 표시하여야 하므로(대법원 1974. 1. 8.자 73마683 결정), '환지
예정지'도 함께 표시한다.

(4) 강제집행의 이유가 된 일정한 채권과 그 청구금액

청구하는 금액은 모두 적어야 하고, 나중에 청구금액을 확장하지 못한
다(대법원 1983. 10. 15.자 83마 393 결정).

(5) 집행할 수 있는 집행권원

① 한 개의 집행권원(執行權原)에 여러 개의 집행채권이 존재하는 경우
에는 어느 집행채권에 터 잡아 강제집행을 구하는 것인가를 명백히
표시한다.
〈보기〉 '화해조서 중 화해조항 제2항'

② 집행할 수 있는 집행권원은 즉시 집행할 수 있는 것이어야 하므로 조
건부 채권인 경우에는 조건이 '성취'되고, 기한부 채권인 경우에는
기한이 '도래'되어야 한다.

3 강제경매신청서의 첨부서류

(1) 집행력 있는 정본

집행문이 붙은 집행권원의 정본이「집행력(執行力) 있는 정본(正本)」이다.

> 집행권원 + 집행문 = 집행력 있는 정본

집행권원으로 집행할 수 없고, 집행력 있는 정본으로 집행할 수 있다 (대법원 1978. 6. 27. 선고 78다446 판결).

집행권원(종전의「채무명의(債務名義)」)은 일정한 사법(私法)상의 이행의무와 그 집행력을 인정한 공증문서(公證文書)이다.

집행권원으로 인정되는 것은 다음과 같다.

① 확정된 종국판결, 가집행선고 있는 종국판결(24)

② 항고로만 불복할 수 있는 재판(56 i) : 소송비용액확정결정, 부동산 인도명령 등

③ 확정된 지급명령(56 iii)

④ 집행증서(執行證書) : 금전채권에 관하여 채무자가 강제집행을 승낙한 취지가 기재되거나, 어음·수표에 부착하여 강제집행을 인낙

(認諾)하는 취지를 기재한 공정증서(公正證書)(56 ⅳ)이다.

⑤ 화해조서, 인낙조서(56 ⅴ), 확정된 화해권고결정(민사소송법 231), 조정조서(민사조정법 29), 확정된 조정에 갈음하는 결정(같은 법 30, 34 ④), 확정된 이행권고결정(소액사건심판법 5의7 ①) : 집행문(執行文)은 집행권원에 집행력이 현존하는 사실과 집행력이 미치는 주관적·객관적 범위를 공증(公證)하기 위하여 법원사무관 등이 집행권원의 정본의 끝에 덧붙여 적는 공증문서이다.

(2) 집행권원의 송달증명서

집행권원의 채무자에 대한 송달은 집행개시의 요건이다(39 ①).

집행문부여요건과 집행개시요건을 대비하고, 또 집행문필요여부를 대비하면 다음 표와 같다.

집행문부여의 요건과 집행개시의 요건 대비표

집행무부여의 요건	집행개시의 요건
채권자의 선급부(先給付)가 "이행"될 것 〈예시〉 피고는 원고로부터 이사비용 금 200만원을 받고 그 1개월 후에 아파트를 원고에게 명도한다고 한 경우 정지조건(停止條件)이 "성취"될 것 〈예시〉 피고는 소외 김갑돌로부터 대여금을 수령한 즉시 원고에게 금 500만원을 지급한다고 한 경우 불확정기한(不確定期限)이 "도래"할 것 〈예시〉 피고는 소외 이을순이 사망한 때에 원고에게 금 500만원을 지급한다고 한 경우 채권자의 "예고(豫告)"가 있을 것 〈예시〉 피고는 원고로부터 10일 이상의 유예기간을 두고 지급의 최고가 있으면 그 지정기일에 원고에게 금 500만원을 지급한다고 한 경우 대물변제(代物辨濟)는 본래의 급부가 "불이행"할 것 〈예시〉 금전급여의무를 불이행한 것을 조건으로 하여 건물 명도와 토지 인도를 이행하기를 화해한 경우(대법원 1971. 6. 29. 선고 71다 1035 판결) 선택권(選擇權)을 "행사"할 것 의사진술(意思陳述)의 반대의무가 "이행"될 것(제695조 제2항·민사집행법 제263조 제2항)	집행정본에 "집행당사자의 표시"(집행신청자와 집행받은 자의 성명)가 있을 것(제491조 제1항·민사집행법 제39조 제1항) 채무명의 (집행권원)은 채무자에게 "송달"할 것(제491조 제1항·민사집행법 제39조 제1항) 〈예외〉 1. 가압류·가처분(제708조 제3항·민사집행법 제292조 제3항, 제715조·민사집행법 제301조) 2. 비송사건절차법상의 비용재판(비송사건절차법 제29조 제2항) 3. 과태료재산에 대한 검사의 명령(비송사건절차법 제249조 제2항) 4. 벌금 등 형사재판에 대한 검사의 집행명령(형사소송법 제477조) 승계집행문을 채무자에게 "송달"할 것(집행이 담보제공 이외의 조건이 달린 경우 및 승계집행문을 부여한 경우) (제490조 제2항·민사집행법 제39조 제2항) 조건의 이행사실 또는 승계 사실의 증명서등본을 채무자에게 "송달"할 것(제480조 제2항·민사집행법 제30조 제2항, 제481조·민사집행법 제31조, 제490조 제3항·민사집행법 제39조 제3항) 이행기(履行期)가 "도래"할 것(제491조 제1항·민사집행법 제40조 제1항)

<table>
<tr><td></td><td>

※ 확정기한(確定期限)의 도래는 「집행개시의 요건」이고, 불확정기한(不確定期限)의 도래는 「집행문부여의 요건」이다.

담보제공증명서를 "제출"하고 그 등본을 채무자에게 "송달"할 것(제491조 제2항 · 민사집행법 제40조 제2항)

동시이행관계에 있는 반대급부(反對給付)를 "이행"하거나 "이행의 제공"을 할 것(제491조의2 제1항 · 민사집행법 제41조 제1항)

※ 1. 반대급부에 관하여는 집행력이 생기지 않는다.

2. 반대급부의 상환으로 명한 판결에서 그 반대의무를 「집행문부여의 요건」으로 하면 선이행을 강제하는 것이 되어 부당하기 때문이다(대법원 1962. 2. 16. 선고 4294민상 708판결).

대상청구(代償請求)이 집행에 있어 본래의 청구권이 "집행불능"일 것(제491조의2 제2항 · 민사집행법 제41조 제2항)
〈예시〉백미 5가마(가마당 80kg)를 인도한다. 만일 인도할 수 없는 때에는 금 60만원을 지급한다고 한 경우

※ 본래적 급부의 집행불능은 집행기관이 인식한 현저한 사실이기 때문에 예비적 급부의 집행을 위하여 다시 집행문을 부여할 필요가 없다.

집행장해사유가 없을 것〈집행장해사유〉

</td></tr>
</table>

	1. 채무자의 파산(破産)(파산법 제61조)
	2. 채무자를 위한 화의절차(和議節次)의 개시(화의법 제40조 제1항)
	3. 회사정리절차의 개시(회사정리법 제57조 제1항)
	4. 집행정지 또는 취소의 서면의 제출(제510조·민사집행법 제49조)
	5. 집행채권의 압류·가압류(제561조 제1항·민사집행법 제227조 제1항)
	※ 집행채권에 대한 압류의 존재는 청구에 관한 이의(제505조·민사집행법 제44조) 사유가 될 뿐 집행기관에서 판단할 사항이 아니므로 집행장해가 되지 않는다는 견해가 있다.

집행문 필요여부 대비표

집행문이 필요한 경우	집행문이 필요없는 경우
확정되거나 가집행선고 있는 종국판결(終局判決)(제469조·민사집행법 제30조) 집행판결(執行判決)(제476조·민사집행법 제26조, 중재법 제14조) 항고(抗告)로만´불복신청할 수 있는 재판(제519조 제1호·민사집행법 제56조 제1호, 제520조·민사집행법 제57조) 〈예시〉 1. 소송비용상환결정(제98조·개정법 제107조) 2. 소송비용의 수액 및 부담을 정하는 결정(제104조·개정법 제114조) 3. 피구조자(被救助者)에 대한 유예소송비용의 납입명령(제121조·개정법 제131조) 4. 증인·감정인에 대한 소송비용부담을 명하는 결정(제282조·개정법 제311조, 제289조·개정법 제318조, 제297조·개정법 제326조, 제305조·개정법 제333조) 5. 내세집행(代替執行)에 있어서 채무자에게 비용을 명하는 결정(제692조·민사집행법 제260조) 6. 간접강제(間接强制)에 있어서 금전배상을 명하는 결정(제693조·민사집행법 제261조) 7. 소송비용액 확정결정(제100조·개정법 제110조, 제103조·개정법 제113조·송무예규 송민82-2)	확정된 지급명령(제519조 제3호·민사집행법 제56조 제3호) ※ 종전에는 확정증명, 송달증명, 집행문이 필요하였으나 (1) 2000. 11. 20. 부터 "확정증명"과 "송달증명"은 필요없고(송무예규 송민2000-5), (2) 2002. 7. 1. 부터 "집행문"도 필요없다(민사집행법 제58조). 확정된 이행권고결정(소액사건심판법 제5조의8) ※ 2001. 1. 29. 신설 가압류·가처분명령(제708조·민사집행법 제291조, 제715조·민사집행법 제301조) 부동산인도명령(제647조 제6항·민사집행법 제136조 제6항) 채권압류낭낭에 터 잡은 채권증서(債權證書)의 인도명령(제567조·민사집행법 제234조) 강제관리개시결정에 터 잡은 부동산의 점유집행(占有執行)(제672조 제2항·민사집행법 제166조 제2항) 검사의 집행명령(형사소송법 제477조) 과태료의 재판에 대한 검사의 명령(제523조·민사집행법 제60조, 비송사건절차법 제249조)

※ 소송비용부담의 원재판이 집행권원이고, 소송비용액 확정결정은 이를 보충하는 부수적 재판에 불과하여 독립된 집행권원이 아니다(대법원 1995. 4. 28. 자 94마2190 결정, 송무예규 송민80-2)

집행증서(강제집행승낙 기재 있는 공정증서) (제519조 제4호 · 민사집행법 제56조 제4호, 제520조 · 민사집행법 제57조)

화해조서, 제소 전 화해조서, 인낙조서(민사집행법 제56조 제5호, 제520조 · 민사집행법 제57조)

조정조서, 확정된 조정에 갈음하는 결정(민사조정법 제29조, 제34조 제4항, 가사소송법 제59조 제2항, 제59조 제2항)

국가배상결정(국가배상법 제13조, 동 법 시행령 제26조)

중재판정(仲裁判定)에 대한 집행판결(중재법 제14조)

파산채권표(破産債權表)(파산법 제215조)

회사정리채권자표, 회사정리담보권자표(회사정리법 제145조)

회사정리절차에 있어서 주금 납입청구권 또는 그 책임에 터 잡은 손해배상청구권의 사정(査定)의 재판(회사정리법 제72조, 제76조)

소송비용의 수봉결정(收捧決定), 소송상의 구조(救助) 및 구조의 취소에 의한 비용추심의 결정(민사소송비용법 제12조, 민사소송규칙 제6조)

의사(意思)의 진술을 명하는 판결(제695조 제1항 · 민사집행법 제263조 제1항)
〈예시〉
1. 등기신청에 관한 의사표시(부동산등기법 제29조)
2. 명의변경절차이행청구(대법원 1986. 2. 25. 선고 85다카 1812 판결)
3. 이해관계 있는 제3자의 승낙의 의사표시(부동산등기법 제63조 등)

확정되거나 가집행선고 있는 배상명령(賠償命令)이 기재된 유죄판결(소송촉진 등에관한특례법 제34조 제1항 · 동 법 시행규칙 제27조 · 송무예규 제1987. 6. 9. 민사 제1206호)

주 | **1.** 집행문의 부여를 요하지 아니하는 채무명의(2002. 7. 1. 부터 「집행권원」이라 한다)라도 다음의 경우에는 재판장의 명에 의해 집행문을 부여받아야 한다(제482조 · 민사집행법 제32조, 제485조 · 민사집행법 제35조)
    (1) 조건(條件)이 붙여진 경우
    (2) 당사자의 승계(承繼)가 있는 경우
    (3) 재도(再度), 수통(數通)의 집행문을 부여하는 경우

2. 집행문은 제1심 수소법원의 「법원사무관 등」이 부여하나, 소송기록이 상급심에 있는 때에는 그 상급법원의 「법원사무관 등」이 부여한다(제478조 제2항 · 민사집행법 제28조 제2항)
집행문을 내어주는 경우에는 판결원본(判決原本) 또는 상소심 판결정본(判決正本)에 원고 또는 피고에게 이를 내어준다는 취지와 그 날짜를 적는다(제486조 · 민사집행법 제36조).

3. 「집행문」이란, 채무명의 (집행권원)에 집행력이 "현존하는 사실"과 집행력이 미치는 "주관적 · 객관적 범위"를 공증(公證)하기 위하여 법원사무관 등이 채무명의 (집행권원)의 정본의 말미에 부기하는 공증문언(公證文言)을 말한다.

4. 집행문이 붙은 채무명의 (집행권원)을 「집행력 있는 정본」 또는 「집행정본(執行正本)」이라 한다. 집행력 있는 정본의 효력은 전국 법인의 관할구역에 미친다(제487조 · 민사집행법 제37조).

5. 집행문이 없는 채무명의 (집행권원)에 터 잡아 행해진 강제집행은 "절대무효"이다(대법원 1978. 6. 27. 선고 78다446 판결).

집행문부여신청, 송달증명원 등을 신청하는 서식은 다음과 같다.

<table>
<tr><td colspan="2"><h1>신 청 서</h1> (＊ 해당 사항을 기재하고 해
당번호에 'ㅇ'표)</td></tr>
<tr><td colspan="2">사건번호　　　　가　　　　　　（단독　　.　　.　　. 선고, 기타　　　）

원　　고

피　　고

집행문부여인지액 500원
송달증명인지액 500원
확정증명인지액 500원</td></tr>
<tr><td colspan="2">1. 집행문부여신청
위 당사자간 사건의(판결, 결정, 명령, 화해조서, 인낙조서, 조정조서) 정본에 집행문을 부여하여 주시기 바랍니다.</td></tr>
<tr><td colspan="2">2. 송달증명원
위 사건의(판결, 결정, 명령, 화해조서, 인낙조서, 조정조서) 정본이　　.　　.　　. 자로 상대방에게 송달되었음을 증명하여 주시기 바랍니다.</td></tr>
<tr><td colspan="2">3. 확정증명원
위 사건의(판결, 결정, 명령,　　　　)이　　.　　.　　. 자로 확정되었음을 증명하여 주시기 바랍니다.</td></tr>
<tr><td colspan="2">위 (1항, 2항, 3항) 신청인 원고

　　　　　　　　　　　　　　　　　　　　　　법원　　　　　귀중</td></tr>
<tr><td colspan="2">위 (송달, 확정) 사실을 증명합니다.

　　　　　　　　　　　　　　　　　　법원　　　　법원사무관(주사)</td></tr>
<tr><td colspan="2">위 서류를　　　　　.　　.　　. 에 틀림없이 영수하였습니다.

　　　　　　　　　　　　위 원고</td></tr>
</table>

집행보조절차

4

(1) 재산명시

① 서 식

(표지)

재산명시명령신청서

수입
인지

채권자 김 갑 동
채무자 박 을 순

재산명시명령신청

채권자 김 갑 동 (381213-1901317)
　　　　서울시 서초구 서초동 1701-1
채무자 박 을 순 (421201-2093318)
　　　　서울시 중구 삼각동 7-1

1. 집행권원 표시
　　위 당사자 사이의 귀원 2004가단 4321 대여금 사건의 확정판결
2. 불이행 금전채무액
　　금 30,000,000원(집행권원상의 채무 전액)

신 청 취 지

채무자는 재산상태를 명시한 재산목록을 제출하라.
는 명령을 구합니다.

신 청 이 유

1. 채권자는 채무자에 대하여 위와 같은 집행권원을 가지고 있는 바, 채무자가 위 채무
　　를 이행하지 않고 있습니다.
2. 채권자는 강제집행을 하기 위하여 채무자의 재산을 백방으로 탐색하였으나, 채무자
　　가 부동산을 타인 앞으로 명의변경을 하고 동산을 숨기는 등 교묘한 방법으로 재산
　　을 감추고 있어 강제집행을 할 수 없으므로 채무자로 하여금 재산상태를 명시한 재
　　산목록을 제출하도록 명령하여 주시기 바랍니다.

첨 부 서 류

1. 집행력 있는 판결정본　　　　　　　1통
2. 송달증명서　　　　　　　　　　　　1통

2004. 8. 25.

채권자 김 갑 동 (인)
(전화번호 732 - 0231)

서 울 중 앙 지 방 법 원 귀 중

② 재산명시신청

　채권자가 「집행력 있는 정본」에 의하여 강제집행을 개시할 수 있으나 채무자의 재산을 쉽게 찾을 수 없을 때에는 법원에 채무자의 「재산명시」를 요구하는 신청을 할 수 있다(61).

　재산명시신청서에는 인지 1,000원을 첨부하고(재민91-1), 송달료는 5회분을 예납하며(재일87-4), 집행력 있는 정본(사본첨부)과 송달증명서를 첨부하나(61 ②) 신청서부본은 첨부할 필요가 없으며, 채무자 주소지를 관할하는 법원에 제출한다(61 ①).

③ 재산명시기일

　재산명시신청에 정당한 이유가 있는 때에는 법원은 재산명시기일까지 재산목록을 제출할 것을 명하고(62 ①), 정당한 이유가 없거나 채무자의 재산을 쉽게 찾을 수 있다고 인정되는 때에는 법원은 이를 기각한다(62 ②).

　출석요구를 받은 채무자는 명시기일에 '출석(出席)' 하여 「재산목록(財産目錄)」을 '제출(提出)' 하고(64), 재산목록이 진실하다는 것을 '선서(宣誓)' 하여야 한다(65).

　재산목록은 부동산(1년 이내 유상양도하거나 2년 이내 무상처분한 것을 포함한다)뿐만 아니라 자동차, 50만원 이상의 금전·채권, 30만원 이상의 유체동산을 포함한다(64 ②, 규 28).

　명시신청에 대한 재판과 재산명시기일 출석요구서를 예시하면 다음과 같다.

서 울 중 앙 지 방 법 원
결 정

사 건 2004카명 123 재산명시
채권자 김 갑 동(381213-1909317)
          서울시 서초구 서초동 1701-1
채무자 박 을 순(421201-2093318)
          서울시 중구 삼각동 7-1

집행권원 : 위 당사자 사이의 이 법원 2004가단 4321 대여금 사건의 확정판결

주 문
채무자는 재산상태를 명시한 재산목록을 재산명시기일까지 제출하라.

이 유
채권자의 위 집행권원에 기초한 이 사건 신청은 이유 있으므로 민사집행법 제
62조 제1항에 따라 주문과 같이 결정한다.

2004.   8.   30.

판사 이 병 국 (인)

서 울 중 앙 지 방 법 원
재산명시기일출석요구서

채무자　박 을 순 귀하
사 건　2004카명 123 재산명시
채권자　김 갑 동
채무자　박 을 순

　위 사건에 관하여 채권의 아래 집행권원에 기초한 신청에 따라 귀하에 대한 재산명시기일을 실시하게 되었으니 2004. 9. 20. 이 법원 제205호 법정으로 출석하시기 바랍니다.

집행권원 : (예시) 서울중앙지방법원 2004. 7. 16. 2004머 101 조정조서

유의사항 :　1. 위 명시기일에는 귀하 본인이 출석하여야 합니다.

　　　　　　2. 귀하는 별첨 재산목록 양식에 따른 재산목록을 작성하여 위 명시기일에 제출하여야 합니다.

　　　　　　3. 재산목록을 작성할 때는 별첨 안내사항과 작성요령에 관한 설명을 주의 깊게 읽은 후 그에 따라 작성하여 주시기 바랍니다.

　　　　　　4. 귀하는 위 명시기일에 출석하여 귀하가 작성 · 제출하는 재산목록이 진실함을 선서하여야 하며, 정당한 사유없이 위 명시기일에 출석하지 아니하거나 재산목록의 제출 또는 선서를 거부하는 때에는 20일 이내의 감치에 처해질 수 있고, 거짓의 재산목록을 낸 때에는 3년 이하의 징역 또는 500만원 이하의 벌금에 처해질 수 있습니다.

2004.　8.　30.

법원주사 정 무 술 (인)

주 　의 : 1. 출석할 때에는 주민등록증과 도장을 가져오시기 바랍니다.
　　　　　2. 이 사건에 관하여 법원에 제출하는 서류에는 사건번호를 적으시기 바랍니다.
첨 　부 : 재산명시절차 안내서 및 재산목록 양식 각 1부.

법원이 있는곳		담 당	제 　　　　단독	전 화	대표전화 구내전화

④ 명시의무위반자에 대한 제재(制裁)

법원은 채무자가 정당한 이유 없이 명시기일에 불출석하거나, 재산목록 제출 또는 선서를 거부한 경우에는 '20일 이내'의 「감치(監置)」에 처하고 (68 ①), 거짓의 재산목록을 낸 경우에는 3년 이하의 징역 또는 500만원이하의 벌금에 처한다(68 ⑨).

(2) 채무불이행자명부(債務不履行者名簿)

① 서 식

(표지)

채무불이행자명부 등재신청서

수입
인지

채권자 김 갑 동

채무자 박 을 순

채무불이행자명부 등재신청

채권자 김 갑 동(381213-1909317)
        부산시 동래구 온천동 707

채무자 박 을 순(421201-2093318)
        부산시 연제구 거제동 1479

1. 집행권원의 표시
   위 당사자 간 귀원 2004가단 1234 대여금 사건의 확정판결
2. 불이행 금전채무액
   금 30,000,000원(집행권원상의 채무 전액)

신 청 취 지

채무자를 채무불이행자명부에 등재한다.
라는 재판을 구합니다.

신 청 이 유

1. 채권자는 채무자에 대하여 위와 같은 집행권원을 가지고 있습니다.
2. 위 판결은 2004. 2. 20. 확정되었는 바, 그 후 6개월이 지나도록 채무자가
   위 채무를 이행하지 아니하고 있습니다.
3. 그러므로 신청취지 기재와 같은 재판을 구하기 위하여 이 사건 신청을 합
   니다.

첨 부 서 류

1. 확정판결 정본   1통   2. 채무이행최고서   1통

2004. 8. 25.

채권자 김 갑 동 (인)

부 산 지 방 법 원 귀 중

② 채무불이행자명부 등재신청

채무자가 집행권원이 확정된 후 6월 이내에 채무를 이행하지 아니하거나 정당한 사유없이 명시기일에 불출석하거나, 재산목록 제출 또는 선서를 거부하고나 거짓의 재산목록을 낸 경우에는, 채권자는 법원에 채무자를 「채무불이행자명부」에 올리도록 신청할 수 있다(70 ①).

채무불이행자명부등재신청서에는, 인지는 1,000원을 첨부하고(재민91-1), 송달료는 5회분을 예납하며(재일87-4), 집행력 있는 정본·송달증명 및 확정증명을 첨부하나 신청서 부본은 첨부할 필요가 없으며, 채무자 주소지 관할법원이나 재산명시절차를 실시한 법원(재산명시를 거친 경우)에 제출한다(70 ③).

③ 채무불이행자명부 등재

등재신청에 정당한 이유가 있는 때에는 법원은 채무자를 채무불이행자명부에 올리는 결정을 하고, 등재신청이 정당한 이유가 없거나 쉽게 강제집행할 수 있다고 인정할 만한 명백한 사유가 있는 때에는 이를 기각한다(71).

채무불이행자명부 등재결정이 있는 때에는 법원사무관 등은 등재결정의 확정여부와는 관계없이 바로 채무자별로 채무불이행자명부를 작성하여 법원에 비치한다(71 ①, 규 30 ①).

등재신청에 대한 재판을 예시하면 다음과 같다.

부 산 지 방 법 원

결 정

사　건　2002카명 123 채무불이행자명부 등재

채권자　김 갑 동(381213-1909317)
　　　　부산시 동래구 온천동 707
채무자　박 을 순(421201-2093318)
　　　　부산시 연제구 거제동 1479

주 문

채무자를 채무불이행자명부에 등재한다.

이 유

채무자가 이 법원 2004. 2. 5. 선고 2001가단 1234 대여금 사건의 판결이 확정된 후 6개월 이내에 금 30,000,000원의 채무를 이행하지 아니하였으므로 민사집행법 제71조 제1항에 따라 주문과 같이 결정한다.

2004.　8.　27.

판사　이 병 국 (인)

④ 채무불이행자명부의 열람 · 등사

채무불이행자명부의 원본(原本)은 법원에 비치하고 그 부본(副本)은 채무자의 주소지 시 · 구 · 읍 · 면에 비치한다.

또 전국은행연합회장에 보내거나 전자통신매체를 이용하여 그 내용을 통지하여 채무자에 대한 신용정보로 활용하게 할 수 있다(72, 규 33 ① · ②).

채무불이행자명부는 누구든지 보거나 복사를 신청할 수 있다(72 ④).

(3) 재산조회(財産照會)

① 서 식

(표지)

재산조회신청서

수입
인지

채권자 김 갑 동
채무자 박 을 순

재산조회신청서

채권자 김 갑 동(381213-1909317)
　　　　양산시 북부동 386-5
채무자 박 을 순(421201-2093318)
　　　　울산시 남구 옥동 280 - 4

1. 집행권원의 표시
　　위 당사자 사이의 이 법원 2004가단 4321 대여금 사건의 확정판결
2. 채무자가 이행하지 아니한 금전채무액
　　돈 30,000,000원(집행권원상의 채무전액)

신 청 취 지

별지와 같이 조회하오니 오는 2004. 9. 20.까지 회보하여 주시기 바랍니다.
라는 결정을 바랍니다.

신 청 이 유

1. 채권자는 채무자에 대하여 위와 같은 집행권원을 가지고 있으나, 채무자는 위 채무를 이행하지 않고 있습니다.
2. 채권자는 울산지방법원 2004카명 123으로 재산명시신청을 하였으나 채무자는 재산명시의무를 위반하여 위 법원 2004고약 321 민사집행법위반으로 2004. 7. 15. 돈 2,000,000원의 벌금형을 받았습니다.
3. 채무자가 재산명시기일불출석, 재산목록제출 거부로 재산명시의무를 위반하여 재산조회사유에 해당합니다.

첨 부 서 류

1. 집행력 있는 판결정본   1통   2. 송달증명 및 확정증명   1통
3. 명시기일조서등본   1통   4. 약식명령등본   1통
5. 주민등록초본   1통

2004.   8.   25.

채권자 김 갑 동 (인)
(전화번호 732-0231)

울 산 지 방 법 원   귀중

순번	기관분류	재산종류	조회대상 재산 / 조회대상 기관의 구분	개수	기관별 / 재산별 조회비용	예납액
1	법원행정처	토지, 건물의 소유권	□ 현재조회		20,000원	
			□ 현재조회와 소급조회 ※ 소급조회는 명시명령 송달일로부터 2년 내에 채무자가 보유한 재산을 조회합니다.		40,000원	
	과거주소 1. 　　　　2. 　　　　3. ✱ 부동산조회는 채무자의 주소가 반드시 필요하고, 현재주소 이외에 채무자의 과거주소를 기재하면 보다 정확한 조회를 할 수 있습니다.						
2	건설교통부	건물의 소유권	□ 건설교통부		10,000원	
3	특허청	특허권, 실용신안권, 의장권, 상표권	□ 특허청		20,000원	
4	특별시 광역시 또는 도	자동차, 건설기계의 소유권	□ 부산광역시　☑ 울산광역시　□ 전라북도 □ 인천광역시　□ 강원도　□ 전라남도 □ 대전광역시　□ 충청북도　☑ 경상남도 □ 대구광역시　□ 충청남도　□ 제주도 □ 광주광역시 □ 서울특별시　□ 경기도　□ 경상북도		기관별 5,000원	10,000원
5	은행법에 의한 금융기관	금융자산 중 계좌별로 시가 합계액이 50만원 이상인 것	☑ 경남은행　☑ 우리은행　☑ 중소기업은행 □ 광주은행　□ 전북은행　☑ 하나은행 ☑ 국민은행　☑ 제일은행　□ 한국산업은행 □ 대구은행　□ 제주은행　☑ 한국외환은행 ☑ 부산은행　☑ 조흥은행　☑ 한미은행 ☑ 신한은행		기관별 5,000원	55,000원
			□ 내쇼날호주은행　□ 소시에테제네랄은행 □ 뉴욕은행　□ 아랍은행 □ 도쿄미쓰비시은행　□ 아미구찌은행 □ 메트로은행　□ 제이피모건 체이스은행 □ 멜라트은행　□ 중국은행 □ 미쓰이스미토모은행　□ 크레디리요네은행 □ 미즈호코퍼레이트은행　□ 크레디아그리콜앤도수에즈은행 □ 뱅크오브 아메리카　□ 파키스탄국립은행		기관별 5,000원	
			□ 노바스코셔은행　□ 대화은행 □ 도이치은행　□ 뱅크원 □ 비엔피 파리바은행　□ 스탠더드차타드은행 □ 스테이트스트리트은행　□ 싱가포르 개발은행 □ 시티은행　□ 아메리칸 엑스프레스은행 □ 아이엔지은행　□ 에이비엔 암로은행 □ 유바프은행　□ 유비에스은행 □ 인도해외은행　□ 중국공상은행 □ 캘리포니아유니언은행 □ 크레디트스위스퍼스트보스턴은행 □ 플릿 내셔널은행　□ 호주뉴질랜드은행 □ 홍콩상하이은행　□ UFJ Bank(구상와은행)		기관별 5,000원	

순번	기관분류	재산종류	조회대상 재산 / 조회대상 기관의 구분	개수	기관별 / 재산별 조회비용	예납액
6	종합금융회사에 관한법률에 의한 종합금융회사	금융자산 중 계좌별로 시가 합계액이 50만원 이상인 것	☐ 한불　　☐ 금호　　☐ 우리		기관별 5,000원	
7	상호저축은행법에 의한 상호저축은행과 그 중앙회	금융자산 중 계좌별로 시가 합계액이 50만원 이상인 것	☑ 상호저축은행중앙회		20,000원	20,000원
			☐ (　　　　　　) ☐ (　　　　　　) ☐ (　　　　　　) ※ 중앙회에 조회신청하면 전국 115개 중 65개 상호저축은행에 대하여만 조회됩니다. ※ 개별상호저축은행에 대한 조회를 원하는 경우에는 그 명칭을 별도로 기재하여야 합니다. ※ (　　　) 속에 조회대상기관 명부에 기재된 순번을 기재합니다.		기관별 5,000원	
8	농업협동조합법에 의한 농협중앙회	금융자산 중 계좌별로 시가 합계액이 50만원 이상인 것	☑ 농협중앙회 및 전국단위지역조합		20,000	20,000원
			☐ 농협중앙회		5,000원	
			☐ (　　　　　　) ☐ (　　　　　　) ☐ (　　　　　　) ※ 개별 단위지역조합에 대한 조회를 원하는 경우에는 그 명칭을 별도로 기재하여야 합니다. ※ (　　　) 속에 조회대상기관 명부에 기재된 순번을 기재합니다.		기관별 5,000원	
9	수산업협동조합법에 의한 수협중앙회	금융자산 중 계좌별로 시가 합계액이 50만원 이상인 것	☑ 수협중앙회 및 전국단위지역조합		20,000원	20,000원
			☐ 수협중앙회		5,000원	
			☐ (　　　　　　) ☐ (　　　　　　) ☐ (　　　　　　) ※ 개별 단위지역조합에 대한 조회를 원하는 경우에는 그 명칭을 별도로 기재하여야 합니다. ※ (　　　) 속에 조회대상기관 명부에 기재된 순번을 기재합니다.		기관별 5,000원	
10	신용협동조합법에 의한 신용협동조합과 그 중앙회	금융자산 중 계좌별로 시가 합계액이 50만원 이상인 것	☑ 신용협동조합중앙회		20,000원	20,000원
			☐ (　　　　　　) ☐ (　　　　　　) ☐ (　　　　　　) ※ 중앙회에 조회신청하면 전국 115개 중 65개 상호저축은행에 대하여만 조회됩니다. ※ 개별상호저축은행에 대한 조회를 원하는 경우에는 그 명칭을 별도로 기재하여야 합니다. ※ (　　　) 속에 조회대상기관 명부에 기재된 순번을 기재합니다.		기관별 5,000원	
11	산림조합법에 의한 산림조합중앙회	금융자산 중 계좌별로 시가 합계액이 50만원 이상일 것	☐ 산림조합중앙회		20,000원	
			☐ (　　　　　　) ☐ (　　　　　　) ☐ (　　　　　　) ※ 중앙회에 조회신청하면 전국 115개 중 65개 상호저축은행에 대하여만 조회됩니다. ※ 개별상호저축은행에 대한 조회를 원하는 경우에는 그 명칭을 별도로 기재하여야 합니다. ※ (　　　) 속에 조회대상기관 명부에 기재된 순번을 기재합니다.		기관별 5,000원	
12	새마을금고법에 의한 새마을금고연합회	금융자산 중 계좌별로 시가 합계액이 50만원 이상인 것	☑ 새마을금고연합회		20,000원	20,000원
			☐ (　　　　　　) ☐ (　　　　　　) ☐ (　　　　　　) ※ 연합회에 조회신청을 하면 전국 1716개 중 1677개 새마을금고에 대하여 조회됩니다. ※ 개별새마을금고에 대한 조회를 원하는 경우에는 그 명칭을 별도로 기재하여야 합니다. ※ (　　　) 속에 조회대상기관 명부에 기재된 순번을 기재합니다.		기관별 5,000원	

순번	기관분류	재산종류	조회대상 재산 / 조회대상 기관의 구분	개수	기관별/재산별 조회비용	예납액
13	증권거래법에 의한 증권회사 등	금융자산 중 계좌별로 시가 합계액이 50만원 이상인 것	□건설증권　□신영증권　□교보증권 ☑신흥증권　□굿모닝신한증권　□우리증권 □대신증권　□유화증권　□대우증권 □이트레이드증권　□대한투자신탁증권　□제일투자증권 □동부증권　□증권예탁원　□동양오리온투자신탁증권 □코리아 RB증권중개　□동양종합금융증권　□키움닷컴증권 □동원증권　□피데스증권중개　□리딩투자증권 □하나증권　□리먼브러더스인터내셔널증권 □한국투자신탁증권　□메리츠증권　□한누리투자증권 □모아증권중개　□한양증권　□미래에셋증권 □한화증권　□부국증권　□현대증권 □브릿지증권　□현투증권　□비엔지증권중개 □BA Asia　□살로먼스미스바니증권　□KGI증권 □삼성증권　□LG투자증권　□서울증권 □Merrill Lynch　□세종증권　□SK증권		기관별 5,000원	5,000원
			□겟모어증권중개　□HSBC □한국ECN증권　□ING Barings □ABN AMRO　□J.P Morgan □Barclys Capital　□Morgan Stanley Dean Wittor □CLSA　□Nomura □Credit Sulsse First Boston　□SG □Daiwa SMBC　□UBS Warburg □Goldman Sachs		기관별 5,000원	
14	보험업법에 의한 보험사업사	해약환급금이 50만원 이상인 것	□교보자동차보험(주)　□신동아화재해상보험(주) □그린화재해상보험(주)　□쌍용화재상보험(주) □대한화재해상보험(주)　□제일화재해상보험(주) □동부화재해상보험(주)　□퍼스트어메리칸 권원보험(주) □동양화재해상보험(주)　□현대해상화재보험(주) □삼성화재해상보험(주)　□FEDERAL □서울보증보험(주)　□LG화재해상보험(주) □교보생명보험주식회사　□신한생명보험주식회사 □금호생명보험주식회사　□알리안츠생명보험주식회사 □뉴욕생명보험주식회사　□카디프생명보험 한국지점 □대신생명보험주식회사　□푸르덴셜생명보험주식회사 □대한생명보험주식회사　□프랑스생명보험주식회사 □동부생명보험주식회사　□한일생명보험주식회사 □동양생명보험주식회사　□흥국생명보험주식회사 □라이나생명보험주식회사　□AIG생명보험주식회사 □럭키생명보험주식회사　□ING생명보험주식회사 □메트라이프생명보험주식회사　□PCA생명보험주식회사 □삼성생명보험주식회사　□SK생명보험주식회사		기관별 5,000원	
			□A.H.A　□Royal & SunAlliance □ACE AMERICAN		기관별 5,000원	
15	정보통신부	금융자산 중 계좌별로 시가 합계액이 50만원 이상인 것	☑정보통신부		5,000원	5,000
			송달필요기관수	○	합계	175,000

※「송달필요기관수」란에는 음영으로 기재된 란에 표시된 조회대상기관 수의 합계를 기재함.

② 재산조회신청

재산명시절차가 끝났으나 명시위반이 있거나 재산목록만으로 만족을 얻기에 부족한 경우에 채권자는 개인의 재산과 신용에 관한 전산망을 관리하는 공공기관·금융기관·단체 등에 채무자명의의 재산에 관한 조회를 신청할 수 있다(74①, 75①).

재산조회신청서에는 인지 1,000원을 첨부하고(재민91-1), 송달료는 2회분 예납하는(재일87-4) 외 조회비용을 예납하며, 집행력 있는 정본·송달증명 및 확정증명·명시기일조서등본·채무자의 주민등록등본을 첨부하나 신청서부본을 첨부할 필요가 없으며, 재산명시절차를 실시한 법원에 제출한다(74①).

신청서가 제출되면 접수담당자는 신청서에 기재된 신청인, 채무자 인적사항, 조회대상기관, 조회할 재산, 소급조회여부 등 필요한 사항을 전산입력하고 사건번호(2004카조 ○○○)를 부여받아 기록표지와 결정내역용지를 전산출력한다.

③ 재산조회명령

재산조회신청에 정당한 이유가 있다고 인정하는 때에는 법원은 재산조회명령을 하고, 조회신청의 형식적 흠을 보정하지 아니하거나 조회비용을 미리 내지 않으면 법원은 이를 각하한다(18②).

재산조회명령이 있으면 법원사무관 등은 이를 재산조회대상기관·단체에 보내어 채무자의 재산을 조회한다. 대법원 웹서버에 인터넷을 이용하여 접속할 수 있도록 만들어 놓은 재산조회시스템에 재산조회명령을 입력하는 방법으로 조회할 수 있다(재산조회규칙 3).

④ 조회기관의 회보(回報)

법원으로부터 재산조회를 요구받은 공공기관·금융기관단체 등은 정당한 사유없이 조회를 거부하지 못한다(74 ④).

만일 정당한 사유없이 자료제출을 거부하거나 거짓자료를 제출한 때에는 500만원 이하의 과태료에 처한다(75 ②, 규 39 ①).

법원은 재산조회의 결과를 채무자의 재산목록에 준하여 관리한다(75 ①).

제 2 장

담보권에 의한 부동산 임의경매신청

서 식 **1**

（표지）

부동산임의경매신청서

채권자　　　　　김 갑 동
채무자 겸 소유자　　대영건설주식회사

이해관계 일람표

번호	이해관계	성 명	주 소	우편번호
1	채권자 (1번 근저당권)	김갑동	양산시 신기동 511-3, 한마음타운 106-904	626 - 754
2	채무자 겸 소유자	대영건설주식회사 대표이사 이병국	양산시 남부동 459-10 송달장소 : 부산시 기장군 정관면 월평리 222-1	626 - 010
3	근저당권자 (2번 근저당권)	박을순	양산시 중부동 265-4	626 - 050
4	근저당권자 (3번 근저당권)	울산투자금융 주식회사	울산시 중구 옥교동 120-1	681 - 190
5	압류권자	양산시	양산시 남부동 505	626 - 701
6	압류권자	부산광역시 기장군		619 - 900
7	압류권자	부산광역시 금정구		609 - 701
8	압류권자	밀양시		627 - 701
9	가압류권자 (2건)	대한보증보험 주식회사	서울시 종로구 연지동 136-74	110 - 470

부동산임의경매신청서

채 권 자　　김　 갑 　　동(381213 - 1901317)
　　　　　　　　양산시 신기동 511 - 3 한마음타운 106동 904호
　　　　　　　　등기부상 양산시 유산동 306

채 무 자　　대영건설주식회사(184511 - 0003341)
　　　　　　　　양산시 남부동 459 - 10
　　　　　　　　대표이사 이 병 국

청구금액　　　금 200,000,000원

경매할 부동산의 표시
별지 목록 기재와 같음

담보권과 피담보채권의 표시

　채권자는 채무자에게 1991. 3. 23. 채권자 소유의 양산시 남부동 467-3 대 2,265.7m²를 매매대금 1,560,000,000원에 매도하고 매매대금은 4개월 후인 1991. 7. 23. 인불히여 민일 그닐까지 완불 안 된 매매내금에 내하여는 지연이자를 지급키로 하고, 위 매매대금 및 지연이자의 담보로 채무자 소유의 별지 목록 기재 부동산에 대하여 1991. 7. 31. 울산지방법원 양산등기소 등기접수 제3576호로서 채권최고액 금 200,000,000원으로 한 근저당권설정등기를 마쳤는데, 채무자는 1999. 9. 17 현재 위 매매대금 및 지연이자 금 653,043,182원인 바, 채권자는 1999. 9. 17. 채무자에 대하여 내용증명우편으로 1999. 9. 말까지 변제토록 최고하였으나 채무자는 이를 변제하지 아니하였으며, 2002. 5. 15. 현재의 위 매매대금 및 지연이자 금 662,960,650원 중 위 청구금액 금 200,000,000원의 변제에 충당하기 위하여 위 부동산에 대하여 담보권실행을 위한 경매절차를 개시하여 주시기 바랍니다.

첨 부 서 류

1. 부동산등기부등본   1통
2. 근저당권 설정계약서   1통
3. 부동산매매계약서   1통
4. 원리금 상환계산서   2통
5. 내용증명   1통
6. 주식회사 등기부등본   1통
7. 집행비용계산서   1통
8. 위임장   1통
9. 부동산목록   30통

2004.   9.   11.

채권자 김   갑   동 (인)
(전화 055 - 372 - 4321)

울 산 지 방 법 원   귀중

부동산의 표시와 기타

부동산의 표　시	양산시 하북면 순지리 756-40 답1294m^2 이상
소 유 자 성　　명	대영건설주식회사
현황, 점유 및 임 대 차 관　계	
최저입찰 가　격	

집행비용계산서

1. 인지	금 5,000원
2. 송달료	금 297,000원〔2,700원 (8+3)(명) × 10(회)＝297,000원〕
3. 등록세	금 400,000원
4. 지방교육세	금 80,000원
5. 등기수입증지	금 2,000원
6. 등기부등본	금 5,000원
7. 예납금	금 2,115,200원

〈예납금 내역〉

가. 입찰수수료　　　금 1,803,000원
　　(5,000원＋99×2,000원＋400×1,500원＋500×1,000원＋1,000×500원)
나. 현황조사수수료　금 52,200원
다. 신문공고료　　　금 60,000원〔30,000원×2(회)〕
라. 감 정 료　　　　금 200,000원

8. 법무사 보수　　　　금 424,600원

〈보수내역〉

가. 기본　　　　　　금 100,000원
나. 누진가산　　　　금 156,000원
　　(36,000원 ＋ 150,000,000원 × 8/10,000)
다. 대행료　　　　　금 75,000원
　　(제출, 예납금 납부, 송달료 납부)
라. 여비, 등본, 목록 금 55,000원
바. 부가세　　　　　금 38,600원

9. 합 계 금　　　　　금 3,328,800원

위 임 장

법무사 정 상 태

　　　양산시 북부동 386-5

위 사람을 대리인으로 정하고 다음 사항의 권한을 위임합니다.

다 음

채무자 겸 소유자 대영건설주식회사에 대한 부동산임의경매신청서 작성 및 작성된 신청서를 울산지방법원에 제출하는 일체의 행위.

서기 2004년 9월 11일

신청인 김 갑 동 (인)

양산시 신기동 511-3

한마음타운 106-904

울 산 지 방 법 원 귀중

2 임의경매신청서의 기재사항

(1) 채권자 · 채무자 · 소유자와 그 대리인의 표시

채무자와 소유자가 동일인일 때에는 '채무자 겸 소유자' 라고 표시한다.

물상보증인(物上保證人)과 제3취득자(第三取得者)는 소유자이고 채무자가 아니다. 저당권설정등기 후 경매신청 전에 채무자 · 소유자가 사망한 경우에는 그 상속인을 채무자 · 소유자로 표시한다.

채무자 · 소유자가 미성년자, 한정치산자, 금치산자 등 소송무능력자인 경우에는 그 법정대리인을 기재한다. 법정대리인이 없는 경우에는 특별대리인을 선임하여 그 선임된 자를 기재한다(23, 민사소송법 62).

(2) 담보권과 피담보채권의 표시

① 담보권의 표시는 담보권을 특정할 수 있는 '등기접수일, 등기소, 접수번호, 등기목적'을 기재하고, 담보권의 존재를 증명(證明)하는 서류 또는 담보권의 승계를 증명하는 서류로 '부동산등기부등본(1개월 이내에 교부받은 것)을 첨부한다(264 ①, ②).

공동저당에 있어서 차순위자의 대위로 인한 이전, 변제자대위로 인한 이전 등 등기 없이 법률의 규정에 의하여 당연히 이전되는 경우에는 '차순위저당권자로 기입된 부동산등기부등본이나 배당표등본' 또는 '대위원인을 증명하는 공정증서' 등을 첨부한다.

② 피담보채권의 표시는 피담보채권을 특정할 수 있는 '채권의 종류, 청구금액'을 기재하고, 피담보채권을 증명하는 서류는 첨부할 필요가 없으며(대법원 2000. 10. 25.자 2000마 5110 결정), 소명(疎明)하는 정도로 충분하다. 청구금액의 표시방법은 원금 및 신청시까지 발생한 이자, 지연손해금(지연이자)의 합계액을 표시하거나 또는 원금만을 금액으로 기재하고 이자, 지연손해금에 관하여는 그 발생일과 이율을 기재하고 완제시까지도 표시한다.

지연이자는 원본의 이행기일을 경과한 후의 1년분에 한하여 저당권을 행사할 수 있으나(민법 360), 이러한 제한은 후순위저당권자 · 전세권자 그 밖의 배당요구채권자 등과의 관계에서만의 제한이며, 채권자와 채무자 겸 저당권설정자간의 관계에 있어서는 이러한 제한을 받지 아니하므로 경매신청에 있어서 이러한 제한을 고려할 필요 없이 지연이자의 전액을 기재할 수 있다(대법원 2001. 10. 12. 선고 2000다 59081 판결).

또 근저당권의 경우에도 근저당권설정자와 채무자가 동일한 경우에 후순위담보권자나 저당목적부동산의 제3취득자 또는 가압류권자 등 다른 이해관계인이 없는 경우에는 채권최고액을 초과하는 채권도 배당받을 수 있으므로 채권 전액을 기재해도 된다(대법원 1992. 5. 26. 선고 92다 1896 판결, 1998. 4. 10. 선고 97다 28216 판결).

피담보채권의 이행지체(履行遲滯)도 기재한다.

(3) 담보권실행 또는 권리행사의 대상이 될 재산의 표시

(4) 피담보채권의 일부에 대하여 담보권실행 또는 권리행사를 하는 때에는 그 취지와 범위

3 집행비용

(1) 인 지

저당권마다 '5,000원' 의 「인지(印紙)」를 붙인다(재민91-1).

(2) 송달료

송달료로 '2,700원×(신청서상의 이해관계인＋3)×10(회)' 를 수납은행에 납부하고, '송달료예납영수증' 을 신청서에 첨부한다(재일87-4).

(3) 등록세

경매개시결정등기촉탁서에 붙일 채권금액의 '1000분의 2' 의 「등록세(登錄稅)」와 등록세액의 100분의 2의 「지방교육세(地方敎育稅)」를 은행(지방금고)에 납부하고, '등록세영수필확인서' 및 '등록세영수필통지서' 를 신청서에 첨부한다(지방세법 131, 260의3).

(4) 등기수수료

2000. 8. 1.부터 경매개시결정등기촉탁서에 붙일 ① 소유권이전 · 저당권설정 등의 등기는 8,000원, ② 변경 · 말소 등의 등기는 2,000원의 '등기수입증지' 를 신청서에 첨부한다(부동산등기법 27 ③).

(5) 예납금

① 집행수수료

청구금액을 기준으로 10만원까지는 5,000원, 10만원을 초과할 때에는 초과하는 매 10만원마다(이하 동일함) 2,000원, 1,000만원을 초과할 때에는 1,500원, 5,000만원을 초과할 때에는 1,000원, 1억원을 초과할 때에는 500원, 3억원을 초과할 때에는 300원, 5억원을 초과할 때에는 200원을 각각 가산한다(집행관수수료규칙 16).

② 현황조사수수료

100만원까지 10,000원, 300만원까지 20,000원, 500만원까지 30,000원, 500만원초과 40,000원이다(동 규칙 15)

그 외 집행관의 직무집행을 위한 일당·여비 등을 법원공무원 여비규칙 중 5급 공무원과 동액을 가산한다(동 규칙 22).

③ 신문공고료

- 토지, 건물 : 30,000원(추가 1필지 10,000원 가산)
- 공장용지, 공장, 집합건물, 근린생활시설, 2층 이상 주택 : 40,000원

  (추가 1필지 10,000원 가산)

④ 감정료(지가공시및토지등의평가에관법률 25)

2억원 이하 : 200,000원

2억원 초과 50억원까지 : 채권액 $\times 0.0004 + 90,000$원 $+ 24,000$원

(6) 법무사 보수(법무사법 19, 대한법무사협회규칙 54)

① 기 본

난이도에 따라 50,000원 이상 300,000원 이하

② 가 산

- 1,000만원 초과 5,000만원까지 : 1,000만원 초과액의 9/10,000
- 5,000만원 초과 2억원까지 : 26,000원＋5,000만원 초과액의 8/10,000
- 2억원 초과 5억원까지 : 156,000원＋2억원 초과액의 7/10,000

③ 대행료

신청서   : 20,000원
공과금 납부 : 25,000원

④ 여비 · 등본 · 목록

55,000원(1997. 7. 14. 민사집행판사회의)

경매절차의 이해관계인

4

(1) 이해관계인의 범위(90)

① 압류채권자와 집행력 있는 정본에 의하여 배당을 요구한 채권자

먼저 경매개시결정이 이루어지고 나서 뒤에 강제경매신청을 하여 개시결정을 받은 채권자와 국세체납에 의하여 압류등기를 한 압류채권자도 이에 해당한다.

② 채무자 및 소유자

강제경매는 채무자만 있고 소유자는 없다. 임의경매는 채무자와 소유자가 같은 사람인 경우와 다른 사람인 경우가 있다.

소유자는 경매개시결정등기 당시의 매각부동산의 소유자를 말하므로 경매개시결정등기 후에 소유권이전등기를 경료한 자는 여기서 말하는 소유자가 아니고 그 권리를 증명하면 제90조 제4호의 이해관계인이 된다(대법원 1964. 9. 30.자 64마525 결정).

경매신청이 되지 아니한 저당권의 피담보채권의 채무자는 여기서 말하는 채무자에 해당하지 아니하며(대법원 1968. 7. 31.자 68마716 결정), 또 저당권설정등기에 채무자로 표시되지 아니한 다른 공동채무자도 채무자가 아니다.

③ 등기부에 기입된 부동산 위의 권리자

경매개시결정 시점이 아닌 경매개시결정등기 시점을 기준으로 그 당시 등기되어 등기부에 나타난 전세권자, 지상권자, 임차권등기를 한 임차권자 등 용익권자(用益權者), 저당권자, 저당채권에 대한 질권자 등 담보권자(擔保權者), 가등기권리자(가등기담보등에관한법률 16 ③) 등이다.

공유자는 이해관계인(利害關係人)이나(대법원 1998. 3. 4.자 97마9621 결정), 아파트, 상가 등 구분소유적 공유의 경우에는 누가 공유자가 되더라도 이해관계가 없으므로 공유자통지를 할 필요가 없다(139 ① 단서).

그러나 '가압류권자'(대법원 1999. 4. 9. 선고 98다53240 판결), '가처분권자'(대법원 1994. 9. 30.자 94마1534 결정), '예고등기권리자'(대법원 1967. 10. 25.자 67마947 결정), '재매각의 전 매수인'은 이해관계인이 아니다.

④ 부동산 위의 권리자로서 그 권리를 증명한 자

권리를 집행법원에 대하여 스스로 증명한 사람으로서 점유권자, 유치권자, 특수지역권자, 건물등기 있는 토지임차인(민법 622), 인도와 주민등록을 마친 주택임차인(주택임대차보호법 3 ①), 인도와 사업자등록신청을 마친 상가건물임차인(상가건물임대차보호법 3 ①), 법정지상권자(민법 305, 306, 187), 경매개시결정등기 후의 소유권을 취득하거나 용익권 또는 담보권설정등기를 한 사람 등이다.

소유권회복등기를 할 수 있는 확정판결을 받은 자도 소유권회복등기를 하여 집행법원에 권리신고를 해야만 이해관계인이 된다(대법원 1991. 4. 18.자 91마141 결정).

부동산 위에 위와 같은 권리를 가지고 있다는 것만으로 당연히 이해관계인이 되는 것이 아니고, 집행법원에 스스로 그 권리를 증명한 자만이 비로소 이해관계인이 되고(대법원 1994. 9. 4.자 94마1455 결정), 동 증명은 매각허가결정이 있을 때까지 할 수 있다(대법원 1994. 9. 13.자 94마1342 결정).

따라서 집행관의 현황조사나 압류가 경합된 후행의 경매신청기록 또는 다른 권리자가 제출한 등기부등본 등 권리증명 이외의 사유로 집행법원이 이해관계인을 알게 된 경우에는 권리자 스스로 집행법원에 권리를 증명하여 신고한 것으로 볼 수 없으므로 이해관계인이 될 수 없다.

매각허가결정에 대한 항고를 제기하면서 그 권리를 주장한 자는 이해관계인이 될 수 없다(대법원 1988. 3. 24.자 87마1198 결정).

전세금 또는 임차보증금반환청구권은 압류 및 전부받은 자도 권리신고하면 전세권자 또는 임차권자와 함께 이해관계인이다. 그것은 전부받은 채권에 대하여 다툼이 있을 수 있기 때문이다.

(2) 이해관계인의 권리

① 집행에 관한 이의신청권(16)

채무자 이외의 이해관계인에게는 경매개시결정정본을 송달할 필요가 없으나(대법원 1986. 3. 28.자 86마70 결정), 경매개시결정에 대하여 이의를 신청할 수 있고(86), 부동산에 대한 침해방지를 신청할 수 있다(83 ③).

이해관계인이 사망하여 절차에 관여할 수 없게 되더라도 그것 때문에 매각절차가 중단되지 아니한다(대법원 1961. 10. 5.자 4294 인재항 531 결정)

② 압류의 경합 또는 배당요구가 있으면 법원으로부터 그 통지를 받을 권리(89).

③ 합의로 매각조건(賣却條件)을 바꿀 수 있는 권리(110)

최저매각가격은 직권으로 변경할 수 있어도 이해관계인의 합의로 변경할 수 없다.

④ 매각기일과 매각결정기일을 통지 받을 수 있는 권리(104 ②)

매각기일에 출석하여 매각기일조서에 서명날인할 수 있고(116 ②), 매각결정기일에 매각허가에 관한 의견을 진술할 수 있다(120). 매각허가에 대한 이의는 다른 이해관계인의 권리에 관한 이유로 신청하지 못한다(122).

⑤ 매각허가여부의 결정에 대하여 즉시항고(卽時抗告)를 할 수 있는 권리(129)

⑥ 배당기일의 통지를 받을 권리(146)

배당기일에 출석하여 배당표에 관한 의견을 진술할 수 있고(149), 배당에 관한 합의를 할 수 있다(150 ②).

제 3 장

부동산경매절차

압 류   1

(1) 경매개시결정

경매신청이 있으면 집행법원은 필요한 요건에 관하여 형식적 심사하여 신청이 적법하다고 인정되면 「경매개시결정(競賣開始決定)」을 한다.

경매개시결정에는 동시에 그 부동산의 「압류」를 명한다(83 ①).

경매개시결정정본은 채권자, 채무자, 소유자에게 '송달'한다 (83 ④, 민사소송법 221). 상당한 이유가 없는 한 공유자에게 경매개시결정이 있다는 것을 통지한다(139 ①).

특히 채무자에 대한 송달은 '압류(押留)의 효력발생요건' 일 뿐만 아니라 '매각절차진행의 유효요건(有效要件)' 이므로 채무자에 대한 송달 없이는 매각절차를 속행(續行)할 수 없고(대법원 1991. 12. 16.자 91마239 결정), 채무자가 아닌 이해관계인도 채무자에 대한 경매개시결정 송달의 흠을 매각허가결정에 대한 '항고이유' 로 삼을 수 있으며(대법원 1997. 6. 10.자 97마814 결정), 비록 매수인이 매각 대금을 지급하였더라도 매각허가의 효력이 부정될 수밖에 없고, 대금 완납 후에 사후적으로 채무자에게 송달하였다고 하여 그 결론이 달라지는 것은 아니다(대법원 1994. 1. 28. 선고 93다 9477 판결).

(2) 경매개시결정등기의 촉탁

법원사무관 등은 「경매개시결정등기」(종전의 「경매신청등기」)를 촉탁하고, 등기관은 기입등기를 한 후 등기부등본을 보내거나(95), 등기필증에 변동사항이 없다는 고무인을 찍어 보낸다(재민64-14, 85-8).

(3) 압류의 효력

압류는 채무자에게 경매개시결정정본이 '송달된 때' 또는 경매개시결정등기가 '기입된 때'에 효력이 생긴다(83 ④). 둘 중에서 먼저 행해진 때가 효력발생시기이다.

압류는 효력으로 ① 상대적으로 처분(處分)이 제한되며, ② 채무자가 부동산을 관리·이용할 수 있지만(83 ②), 법원은 부동산에 대한 침해행위(侵害行爲)를 방지하기 위한 조치를 할 수 있다(83 ③). 침해행위 방지를 위한 조치로 금지명령·작위명령 또는 집행관보관명령을 할 수 있다(규44).

(4) 경매개시결정에 대한 이의

이해관계인은 매각대금이 모두 지급될 때까지 「경매개시결정에 대한 이의(異議)」로써 불복신청할 수 있다.

이의신청에는 '집행정지의 효력'이 없으나, 집행법원은 '잠정처분'을 할 수 있다(86).

(5) 부동산의 멸실 등으로 인한 경매취소

부동산이 없어지거나 채무자가 소유권을 잃는 등 사유가 있으면 법원은 경매절차를 「취소」하여야 한다(96).

위 취소결정에 대하여는 '즉시항고' 할 수 있고(96 ②), 취소결정은 '확정' 되어야 효력이 있다(17 ②).

(6) 경매신청의 취하

경매신청인은 매수인이 대금을 지급하기 전까지 경매신청을 「취하(取下)」할 수 있다.

매수신고가 있은 뒤에 취하하려면, 최고가매수신고인 또는 매수인과 차순위매수신고인의 '동의(同意)'를 받아야 한다(93 ②). 그러나 재매각을 한 경우 종전 절차에서의 매수인(대법원 1999. 5. 31.자 99마488 결정), 배당을 요구한 채권자나 부동산 위의 권리자의 동의는 필요하지 않다. 또 이중개시결정이 내려진 경우에 먼저 개시결정된 경매의 신청인이 취하하는 경우에 뒤의 경매신청인의 동의는 필요 없다.

경매신청이 취하되면 경매절차가 종료되고 압류의 효력이 소멸한다(93 ①). 법원사무관 등은 직권으로 경매개시결정의 기입등기를 말소하도록 등기관에게 족탁한다(141).

(7) 부동산경매사건의 진행기간

부동산경매절차가 늦지 않도록 각 단계별로 다음 기간 이내에 진행하여야 한다(재민91-5).

부동산경매사건 단계별 진행기간

종 류	기 산 일	기 간	비 고
경매신청서접수		접수 당일	80, 264 ①
미등기건물 조사명령	신청일부터	3일 안(조사기간은 2주 안)	81 ③④, 82
개시결정 및 등기촉탁	접수일부터	2일 안	83, 94, 268
채무자에 대한 개시결정 송달	임의경매 : 개시결정일부터 강제경매 : 등기필증 접수일부터	3일 안	83, 268
현황조사명령	임의경매 : 개시결정일부터 강제경매 : 등기필증 접수일부터	3일 안(조사기간은 2주 안)	85, 268
평가명령	임의경매 : 개시결정일부터 강제경매 : 등기필증 접수일부터	3일 안(평가기간은 2주 안)	97 ①, 268
배당요구종기 결정 배당요구종기등의 공고·고지	등기필증 접수일부터	3일 안	84 ①②③, 268
배당요구종기	배당요구종기결정일부터	2월 후 3월 안	84 ①⑥, 87 ③, 268
채권신고의 최고	배당요구종기결정일부터	3일 안(최고기간은 배당요구종기까지)	84 ④
최초 매각기일·매각결정기일의 지정·공고(신문공고의뢰) 이해관계인에 대한 통지	배당요구종기부터	1월 안	104, 268
매각물건명세서의 작성, 그 사본 및 현황조사보고서·평가서 사본의 비치		매각기일(입찰기간 개시일)1주 전까지	105 ②, 268 규 55
최초매각기일	공고일부터	2주 후 20일 안	규 56
새 매각기일·새 매각결정기일 또는 재매각기일·재매각결정기일의 지정·공고 이해관계인에 대한 통지	사유발생일부터	1주 안	119, 138, 268
새 매각 또는 재매각기일	공고일부터	2주 후 20일 안	119, 138, 268, 규 56
배당요구의 통지	배당요구일부터	3일 안	89, 268

종 류	기 산 일	기 간	비 고
매각일시		매각기일	112, 268
매각기일조서 및 보증금 등의 인도	매각기일부터	1일 안	117, 268
매각결정기일	매각기일부터	1주 안	109 ①, 268
매각허부결정의 선고		매각결정기일	109 ②, 126 ①, 268
차순위매수신고인에 대한 매각결정기일의 지정 이해관계인에의 통지	최초의 대금지급기한 후	3일 안	104 ①②, 137 ①, 268
차순위매수신고인에 대한 매각결정기일	최초의 대금지급기한 후	2주 안	109 ①, 137 ①, 268
매각부동산 관리명령	신청일부터	2일 안	136 ②, 268
대금지급기한의 지정 및 통지	매각허가결정확정일 또는 상소법원 으로부터 기록송부를 받은 날부터	3일 안	142 ①, 268 규 78, 194
대금지급기한	매각허가결정확정일 또는 상소법원 으로부터 기록송부를 받은 날부터	1월 안	규 78, 194
매각부동산 인도명령	신청일부터	3일 안	136 ①, 268
배당기일의 지정 · 통지 계산서제출의 최고	대금납부 후	3일 안	146, 268 규 81
배당기일	대금납부 후	4주 안	146, 268
배당표의 작성 및 비치		배당기일 3일 전까지	149 ①, 268
배당표의 확정 및 배당 실시		배당기일	149 ②, 159, 268
배당조서의 작성	배당기일부터	3일 안	159 ④, 268
배당액의 공탁 또는 계좌입금	배당기일부터	10일 안	160, 268 / 규 82
매수인 앞으로 소유권 이전등기 등 촉탁	서류제출일부터	3일 안	144, 268
기록 인계	배당액의 출급, 공탁 또는 계좌입금 완료 후	5일 안	

2 현금화

(1) 배당요구의 종기결정

민사소송법은 '경락기일' 까지 배당요구할 수 있었으나, 민사집행법은 배당요구의 종기를 '첫 매각기일 이전(2월 후 3월 이내의 날)' 으로 앞당겼다 (재민2002-1).

집행법원은 압류 후 1주일 이내(등기필증 접수 후 3일 이내)에 「배당요구의 종기(終期)」를 결정하여 공고한다(84).

배당요구의 종기는 '인터넷 법원경매공고란(www.courtauction.go.kr)' 또는 '법원게시판' 에 게시하는 방법으로 공고하고, 전세권자 및 채권자에 대한 고지(告知)는 기록에 표시된 주소에 '등기우편' 으로 발송하는 방법 으로 한다(재민2002-1).

(2) 매각준비

법원은 경매개시결정을 한 뒤에 집행관에게 「현황조사(現況調査)」를 명 하고(85), 감정인에게 「평가(評價)」를 촉탁한다(97).

과수원을 평가하는 감정인은 지상과목의 수종, 수령, 본수, 시설물 등을 실상대로 개별적인 감정평가를 하여 그 지가에 대한 산출기초를 명확히 한 감정보고서를 작성한다(재민74-2).

배당요구의 종기가 정해진 때에는, 법원사무관 등은 이해관계인(압류채권자·배당요구채권자 제외), 가등기권리자, 공과주관공공기관에 배당요구에 종기까지 채권신고하도록「최고(催告)」한다(84 ④, 가등기담보등에관한법률 16 ①).

(3) 무잉여통지

법원은 최저매각가격으로 압류채권자의 채권에 우선하는 부동산의 모든 부담과 절차비용을 변제하면 남을 것이 없겠다고 인정하는 때에는 압류채권자에게「무잉여통지(無剩餘通知」를 한다.

이 통지를 받은 압류채권자가 1주일 이내 위 부담과 절차비용을 변제하고 남을 만한 가격을 정하여 그 가격에 맞는 매수신고가 없는 때에는 자기가 그 가격으로 매수하겠다고 신청하면서 충분한 보증을 제공하지 아니하면 법원은 경매절차를「취소(取消)」한다(102).

무익(無益)·무용(無用)한 집행을 방지하기 위한 것이다.

(4) 매각조건의 결정

① 법정매각조건과 특별매각조건

민사집행법이 정한 매각조건이「법정매각조건(法定賣却條件)」이고, 이해관계인 전원의 합의나 직권으로 법정매각조건을 바꿀 수 있는데, 이렇게 바뀐 매각조건이「특별매각조건(特別賣却條件)」이다.

법정매각조건에는 최저매각가격 미만의 가격으로는 매각을 허가할 수 없고(110 ①), 저당권·담보가등기·가압류는 매각으로 소멸하므로 이에 대항할 수 없는 물적 부담은「소제주의(消除主義)」를, 이에 대항할 수 있는 물적 부담(유치권, 가처분을 포함한다)은 「인수주의(引受主義)」를 취하며(91), 매수신청의 보증금액을 최저매각가액의 10분의 1(다만, 법원이 상당하다고 인정하는 때에는 위 액수를 넘는 보증금액을 정할 수 있다)로 하는 것(113, 규 63) 등이다.

② 일괄매각

여러 개의 부동산에 관하여 동시에 경매신청이 있는 경우에는 「개별입찰(분할입찰)」이 원칙이나, 법원은 여러 개의 부동산의 위치 · 형태 · 이용관계 등을 고려하여 이를 일괄매수하게 하는 것이 알맞다고 인정하는 경우에는 직권 또는 이해관계인의 신청에 따라 「일괄매각」하도록 결정할 수 있다(98 ①).

일괄매각(一括賣却)은 부동산 외에 다른 종류의 재산(금전채권을 제외한다)에 대하여도 할 수 있다(98 ②).

한편 집행법원의 일괄매각의 결정이 없어도 당연히 일괄매각해야 하는 경우가 있다. 집합건물의 전유부분과 대지사용권(다만, 규약으로 달리 정하는 경우는 제외, 집합건물의소유및관리에관한법률 20), 공장저당권의 목적인 토지 · 건물과 그 토지 또는 건물에 설치된 기계 · 기구 그 밖의 공장공용물(공장저당법 4, 5, 10 ①) 등이다.

(5) 매각기일

① 매각방법의 결정과 매각기일의 지정

매각기일과 매각결정기일을 정한 때에는 매각기일의 2주 전까지 '공고'하고, 이를 이해관계인에게 '통지(通知)' 하며(104), 매각기일 1주 전까지

「매각물건명세서(賣却物件明細書)」를 작성하여 '비치' 한다(105, 규 55).

매각기일의 공고는 '법원게시판' 에 게시하고, 별도로 '인터넷 법원경매공고란(www.courtauction.gokr)' 에 게시하며 첫 매각기일의 공고는 별도로 공고사항의 요지를 '신문' 에 게재한다(재민2002-1).

매각 및 매각결정기일은 한 기일씩 개별지정하지 않고 3회 내지 4회 정도로 수회 기일을 일괄지정할 수 있다(재민98-11).

부동산의 매각은 매각기일에 하는 「호가경매(呼價競賣」, 매각기일에 입찰 및 개찰하는 「기일입찰(期日入札」, 또는 입찰기간 이내에 입찰하게 하고 매각기일에 개찰하는 「기간입찰(期間入札」의 세 가지 방법 중 기일입찰을 원칙으로 하여 집행법원이 정한다(103, 재민2002-1). 기일입찰과 호가경매는 1기일 2회 실시할 수 있다(115 ④, ⑤).

② 최고가매수신고인의 결정

개찰 결과 최고의 가격으로 응찰하고 매수신청의 보증을 제출한 자를 「최고매수신고인(最高買受申告人)」으로 결정한다. 최고의 가격으로 매수신청한 자가 두 사람 이상인 경우에는 '추가입찰(追加入札)' 을 실시하고, 추가입찰에서 또 다시 두 사람 이상이 최고의 가격으로 응찰한 경우에는 '추첨' 으로 최고가매수신고인을 정한다(규 66).

③ 차순위매수신고인의 결정

최고가매수신고액에서 그 보증금을 뺀 금액을 넘는 가격으로 입찰에 참가한 매수신고인은 매각기일을 마칠 때까지 「차순위매수신고(次順位買受申告)」를 할 수 있다(114).

차순위매수신고를 한 사람이 둘 이상인 때에는 신고한 매수가격이 높은 사람을 차순위매수신고인으로 정하고, 신고한 매수가격이 같은 때에는 추첨으로 정한다(115②).

④ 공유자의 우선매수권

공유자(共有者)는 집행관이 매각기일을 종결한다는 고지를 하기 전까지 보증을 제공하고 최고가매수신고가격과 같은 가격으로 채무자의 지분을 우선매수(優先買受)하겠다는 신고를 할 수 있다. 이 경우 법원은 최고가매수신고에도 불구하고 그 공유자에게 매각을 허가하여야 한다(140). 이때 최고가매수신고인은 차순위매수신고인으로 '간주' 되나, 집행관이 매각기일을 종결한다는 고지를 하기 전까지 차순위매수인고인의 지위를 '포기' 할 수 있다.

공유자가 매수신고를 했으나 최고가매수신고가 없는 때에는 최저매각가격을 최고가매수신고가격으로 보아 공유자에게 매각을 허가한다(규 76).

(6) 매각결정기일

매각결정기일은 매각기일부터 1주 이내로 정한다(109 ①). 법원은 매각결정기일에 출석한 '이해관계인의 진술' 을 듣고 직권으로 '이의사유' 가 있는지 여부를 조사한 다음 「매각허가결정(賣却許可決定)」 또는 「매각불허가결정(賣却不許可決定)」을 선고한다(120, 128).

매각허부결정에 대하여 '1주 이내'에 「즉시항고(卽時抗告)」를 제기할 수 있고(129, 민사소송법 444 ①), 매각허가결정에 대하여 항고하려면 매각대금의 10분의 1에 해당하는 '보증'을 공탁하여야 한다(130 ③). 보증의 제공이 없으면 원심법원은 항고장을 받은 날로부터 1주 내에 결정으로 이를 '각하'하여야 한다(130 ④). 각하결정에 대하여는 즉시항고를 할 수 있으나(130 ⑤), 이 경우의 즉시항고는 집행정지의 효력이 없으므로(대법원 1995. 1. 20.자 94마 1961 전원합의체결정), 원심법원은 이후의 절차를 진행할 수 있다.

(7) 등기촉탁

매수인이 매각대금을 다 내면 매각부동산의 소유권을 취득하므로(135), 법원사무관 등은 매수인이 등록세 등을 납부하면 매수인 앞으로의 '소유권이전등기'와 매수인이 인수하지 아니하는 부동산의 부담에 관한 등기와 경매개시결정등기의 '말소등기'를 「촉탁」한다(144).

등기원인은 '2004. 9. 1. 강제경매(임의경매)로 인한 매각'으로 등기원인일자는 '매각대금을 모두 낸 날'로 적고, 등기촉탁(登記囑託)서에는 '매각허가결정 정본'과 '등기촉탁서 부본(등기필증 작성용)'을 붙인다(재민 2002-1).

(8) 인도명령

매수인이 대금을 낸 뒤 6월 이내에 신청하면 법원은 '채무자', '소유자' 또는 '매수인에게 대항하지 못하는 점유자'에 대하여 매수인에게 인도하도록 하는 「인도명령(引渡命令)」을 내준다(136 ①).

채무자나 소유자가 아닌 점유자는 '심문(審問)'한다. 다만, 그 점유자가 매수인에게 대항할 수 있는 권원에 의하여 점유하고 있지 아니함이 명백한 때 또는 이미 그 점유자를 심문한 때 심문하지 아니할 수 있다(136④).

인도명령이 내려졌음에도 상대방이 임의로 인도하지 않으면 신청인은 집행관에게 위임하여 '인도집행'를 하게 된다(136⑥, 258①).

변 제   3

(1) 배당요구

집행력 있는 정본을 가진 채권자, 경매개시결정이 등기된 뒤에 가압류를 한 채권자, 민법·상법, 그 밖의 법률에 의하여 우선변제청구권이 있는 채권자는 배당요구(配當要求)를 할 수 있다(88 ①).

집행력 있는 정본은 배당요구 단계에서는 그 사본을 붙여도 된다.

(2) 배당 받을 채권자의 범위(148)

① 배당요구의 종기까지 경매신청을 한 채권자

경매신청채권자와 이중압류채권자를 포함한다. 이 중 경매개시결정의 경우 뒤의 압류채권자가 배당을 받기 위해서는 배당요구의 종기까지 압류가 이루어져야 한다.

② 배당요구의 종기까지 배당요구를 한 채권자 : 국세의 교부청구도 이에 해당한다.

③ 첫 경매개시결정등기 전에 등기한 가압류채권자

④ 저당권·전세권, 그 밖의 우선변제청구권으로서 첫 경매개시결정등기 전에 등

기되었고 매각으로 소멸하는 것을 가진 채권자

첫 경매개시결정등기 후에 등기된 가압류채권자나 저당채권자 및 압류한 공과금채권자는 배당요구의 종기까지 배당요구를 하거나 교부청구를 한 경우에만 ②의 채권자로서 배당 받을 수 있다.

(3) 배당할 금액(147)

실무상 「배당재단(配當財團)」이라고도 한다.

① 매각대금

매수신청의 보증으로 금전이 제공된 경우에는 그 금전은 매각대금에 넣고(142 ③), 금전 이외의 것이 제공된 경우에는 법원이 민사 보관물인 유가증권을 현금화하여 그 비용을 뺀 금액을 보증액에 해당하는 매각대금 및 이에 대한 지연이자에 충당한다(142 ④).

② 대금지급기한이 지난 뒤에 대금지급한 경우의 지연이자(138 ③, 142 ④)

지연이자의 이율은 연2할이다.

③ 채무자 및 소유자가 한 항고가 기각되거나 항고를 취하하여 돌려 받지 못하는 항고의 보증(130 ⑥, ⑧)

④ 채무자 및 소유자 외의 사람이 한 항고가 기각되거나 항고를 취하하여 돌려 받지 못하는 매각대금에 대한 지연이자 상당의 금액(다만, 제공한 보증을 한도로 한다) (130 ⑦, ⑧)

⑤ 대금지급을 하지 아니한 전의 매수인이 돌려 받을 수 없는 매수신청의 보증
(138 ④)

⑥ 차순위매수신고인에게 매각허가결정이 있는 때에 매수인이 돌려 받지 못하는 매수신청의 보증(규 79)

(4) 배당순위

① 제1순위

소액임차보증금채권(주택임대차보호법 8, 상가건물임대차보호법 14), 최종 3개월분 임금 · 최종 3년간의 퇴직금 · 재해보상금채권(근로기준법 37 ②).

② 제2순위

당해세(當該稅)인 상속세, 자산재평가세, 종합토지세, 재산세, 자동차세, 도시계획세, 공동시설세 등

③ 제3순위

저당권, 전세권, 확정일자 있는 임차보증금채권(주택임대차보호법 3의2 ①, 상가건물임대차보호법 5 ②). 다만, 조세의 법정기일 전에 설정된 경우이고, 설정보다 법정기일이 앞선 조세보다 우선하지 못한다(국세기본법 35 ①).

④ 제4순위

제1순위 임금 등을 제외한 임금, 그 밖의 근로관계로 말미암은 채권(근로기준법 37 ①).

⑤ 제5순위

국세 · 지방세 등 지방자치단체의 징수금(국세기본법 35, 지방세법 31)

⑥ 제6순위

의료보험료(국민건강보험법 73), 연금보험료(국민연금법 81), 산업재해보상보험료(산업재해보상보험법 70) 등

⑦ 제7순위

일반채권자의 채권

(5) 배당기일

배당기일이 정해진 때에는 법원사무관 등은 각 채권자에 대하여 1주 이내에 계산서 제출을 최고한다(규 61). 법원은 배당기일의 '3일 전'에「배당표원안(配當表原案)」을 작성하여 비치하고, 이해관계인에게 열람시켜 그들의 의견을 듣거나 심문한 다음 배당표원안을 정정하여「배당표(配當表)」를 '확정'한다(49).

배당표에 대한 '이의(異議)'가 있으면 그 부분에 한하여 배당표는 확정되지 아니하나, 배당기일로부터 '1주 이내'에 이의한 채권자가「배당이의 소」를 제기하고 이를 증명하지 아니하면 배당을 실시한다(154).

이의의 방법은 원칙적으로 배당기일에 출석하여 '말로' 이의를 진술하여야 한다(151 ①, ③). 다만, 채무자는 법원에 배당표원안이 비치된 이후 배당기일이 끝날 때까지 '서면'으로 이의할 수도 있다(151 ②).

제 4 장

임의경매의 특칙

1

강제경매와 임의경매

'담보권실행 등을 위한 경매'를 강학상 「강제경매(強制競賣)」에 대응하여 「임의경매(任意競賣)」라고 한다.

임의경매에는 저당권, 질권, 전세권 등 담보물권의 실행을 위한 「실질적 경매」와 민법, 상법, 그 밖의 법률의 규정에 따른 현금화를 위한 「형식적 경매」가 있다.

형식적 경매에 속하는 것으로는 공유물분할을 위한 경매(민법 269 ②), 변제자의 변제공탁을 위한 경매(민법 490) 등이 있다.

유치권(留置權)에 기초한 경매도 형식적 경매와 동일하게 취급하고 있다(274).

형식석 경매는 국가기관인 경매기관의 임무는 원칙적으로 현금화의 완료로서 끝나는 것이고 별도로 청구권의 만족 내지 실현이라는 단계의 작업으로 진전되지는 아니한다.

2 임의경매의 강제경매에 관한 규정 준용

임의경매절차에 강제집행편의 총칙 규정 중 일부(42~44, 46~53)를 '준용(準用)'하고(275), 특히 부동산에 대한 임의경매절차에는 강제경매에 관한 규정 전부(79 내지 162)를 '준용'한다(268, 규 194, 202).

준용 내용의 개략은 다음과 같다.

(1) 매각절차의 개시

집행법원(79)은 경매개시결정을 하고 압류를 명하며(80 ①), 개시결정을 한 때에는 법원사무관 등은 경매개시결정의 등기를 촉탁한다(94). 채무자·소유자 또는 점유자가 부동산의 가격을 현저히 감소시키거나 감소시킬 우려가 있는 행위를 하는 때에는 집행법원은 그 침해행위를 방지하기 위하여 필요한 조치를 취할 수 있고(83, 규 44), 경매개시결정을 이중으로 할 수 있다(87).

(2) 매각의 준비절차

배당요구의 종기결정 및 공고(84), 조세, 공과금 및 채권신고의 최고(84 ④), 현황조사(85), 평가와 최저매각가격의 결정(97 ①), 인수주의(引受主義)와 잉여주의(剩餘主義)의 선택(91), 일괄매각결정(98), 부동산의 멸실 등으로 인한 경매취소(96), 매각물건명세서(105), 남을 가망이 없을 경우의 경매취소(102)도 강제경매의 경우와 똑같다.

(3) 매각 · 매각결정 및 대금지급절차

매각기일의 공고내용(106), 매수신청의 보증(113), 매각결정절차 및 매각허여부의 결정에 대한 항고절차(120~132), 과잉매각되는 경우의 매각불허가(124), 인도명령(136), 대금의 지급(142) 등도 강제경매의 경우와 같다.

채무자의 매수신청은 금지되나(규 142), 임의경매의 경우에 채무자가 아닌 소유자는 매수신청할 수 있다.

(4) 배당절차 등

임의경매에도 배당요구(88)와 배당절차(146 이하)가 준용된다(268).

3 임의경매와 강제경매의 차이

(1) 집행권원의 요부(要否)

강제경매는 집행권원(執行權原)의 존재를 요하여 그 정본에 집행문이 붙은「집행력 있는 정본」에 터 잡아 실시되는 것이므로 강제경매의 신청에는「집행력 있는 정본」을 붙여야 한다(81 ①).

그러나 임의경매는 담보권에 내재하는 현금화할 수 있는 권능에 터 잡아 경매신청권이 인정되므로 집행권원의 존재를 요하지 아니하며, 그 대신 '담보권이 있다는 것을 증명하는 서류'를 첨부한다(264 ①).

같은 이유로 경매절차의 정지사유(停止事由)도 '강제경매의 정지사유(499)'와 '임의경매의 정지사유(266)'가 달리 규정되어 있다.

(2) 송달방법의 특례

일정한 금융기관 등이 신청한 임의경매의 경우에는 부동산등기부에 기재된 주소 및 주민등록표에 기재된 주소(부동산등기부에 기재된 주소가 다를 경우에 한하여 주소를 법원에 신고한 때에는 그 주소로 한다)로 발송함으로써 송달이나 통지가 이루어진 것으로 본다.

다만, 금융기관은 임의경매신청 전(前)에 '경매실행 예정사실'을 당해 채무자 및 소유자에게 위 주소로 발송송달의 방법으로 통지하여야 한다(금융기관부실자산등의효율적처리및한국자산관리공사의설립에관한법률 45의2).

이러한 송달방법은 특례(特例)는 임의경매절차에만 그 적용이 있고, 강제경매절차에서는 적용되지 않는다.

(3) 공신적 효과의 유무

① 강제경매는 「집행력 있는 정본」이 존재하는 경우에 한하여 국가의 강제집행권의 실행으로서 실시되므로 일단 유효(有效)한 「집행력 있는 정본」에 터 잡아 경매절차가 완결된 때에는 뒷날 그 집행권원에 표상된 실체상의 청구권이 당초부터 부존재·무효라든가, 경매절차 완결시까지 변제 등의 사유로 인하여 소멸하거나 재심(再審)으로 집행권원이 폐기된 경우라 하더라도 경매절차가 유효한 한 매수인이 유효하게 목적물의 소유권을 취득한다.

즉 강제경매는 「공신적 효과(公信的 效果)」가 있다.

② 그러나 임의경매는 담보권자의 담보권에 내재하는 현금화하는 권능의 실행을 국가기관이 대행하는 것에 불과하므로 담보권에 흠이 있으면 그것이 매각의 효력에 영향을 미친다. 즉 임의경매는 「공신적 효과」가 없다. 따라서 임의경매는 강제경매의 경우와는 달리 담보권 및 피담보채권의 존부를 심사하여 실체상의 흠이 있으면 경매개시결정을 할 수 없고, 매각불허가사유에 해당하며 또 이를 간과하고 매수인이 매각대금을 다 내고 소유권이전등기를 넘겨받았다 하더라도 매수인은 목적물의 소유권을 취득하지 못한다.

다만, 임의경매에서도 예외적으로 경매의 「공신적 효과」가 인정된다. 즉 실체상 존재하는 저당권에 터 잡아 경매개시결정이 내려진 이상, 그 뒤에 저당권이 소멸하거나 변제 등으로 피담보채권이 소멸하여도 경매절차가 취소 또는 정지되지 아니한 채 진행되었다면 매수인은 적법하게 매각부동산의 소유권을 취득한다(267, 대법원 1992. 11. 11.자 92마 719 결정, 1999. 2. 9. 선고 98다 51855 판결).

(4) 실체상의 흠이 경매절차에 미치는 영향

① 강제경매는 집행채권의 부존재(不存在)·소멸·변제기의 연기 등과 같은 '실체상의 흠'은 「청구이의(請求異議)의 소(訴)」로써만 주장할 수 있고, 경매개시결정에 대한 이의사유나 매각허가에 대한 이의사유 또는 매각허가결정에 대한 항고사유가 되지 않는다.

② 그러나 임의경매는 담보권의 부존재·소멸, 피담보채권의 부존재·소멸·변제기의 연기 등과 같은 '실체상의 흠'도 경매절차에 영향을 미치므로 이해관계인은 이러한 실체상의 흠을 이유로 「경매개시결정에 대한 이의」를 할 수 있고(265), 또한 「매각허가에 대한 이의」 및 「매각허가결정에 대한 항고」를 할 수 있다(대법원 1991. 1. 21.자 90마 946 결정).

③ 따라서 「경매개시결정(競賣開始決定)에 대한 이의」는, 강제경매는 '절차상의 흠'을 이유로 하는 때에만 할 수 있고 '실체상(實體上)의 흠'을 이유로 하는 때에는 이를 할 수 없으나(96①, 대법원 1991. 2. 6.자 9066 결정), 임의경매는 '절차상의 흠'을 이유로 하는 때뿐만 아니라 '실체상의 흠'을 이유로 하는 때에도 이를 할 수 있다(265).

관할법원 4

(1) 강제경매와 임의경매의 집행법원을 「경매법원」이라고도 한다

경매법원은 강제경매든 임의경매든 '그 부동산이 있는 곳의 지방법원'이다(79 ①, 268). 전속관할(專屬管轄)이므로(21) 당사자의 합의로 다른 법원으로 정할 수 없고, 변론관할도 생길 수 없다(민사소송법 31).

경매신청이 있으면 법원은 직권으로 관할의 유무를 조사하여 관할이 없다고 인정되는 경우에는 신청을 각하할 것이 아니라 관할법원으로 '이송(移送)' 한다(민사소송법 34 준용).

(2) 1개의 부동산이 여러 지방법원에 걸쳐서 있는 때에는 각 지방법원에 관할권이 있으나, 이 경우에 법원은 필요하다고 인정할 때에는 사건을 다른 지방법원으로 이송할 수 있다(79 ②, 268).

법원은 각각 경매신청된 여러 개의 재산 또는 다른 법원이나 집행관에 계속된 경매사건의 목적물에 대하여 일괄매각(一括賣却)의 결정을 할 수 있고, 이 경우에 다른 법원이나 집행관은 일괄매각의 결정을 한 법원에 경매사건을 이송하고, 이송 받은 법원은 경매사건들을 병합한다(99, 268).

5 임의경매의 신청

(1) 저당권자의 경매신청

저당권자는 담보권을 실행하기 위하여 경매신청을 할 수 있다.

저당권부 채권을 양도받고 채권양도의 대항요건을 갖추었다고 하더라도(민법 450), '저당권 이전의 부기등기'를 경료 받지 못한 자는 아직 「저당권」을 취득하지 못하였으므로 경매신청을 할 수 없다.

저당권 이전의 부기등기를 경료하여도 '채권양도의 대항요건'에 관한 소명자료가 없으면 경매신청을 할 수 없다. 다만, 한국자산관리공사가 인수한 담보부 부실채권 등은 저당권 이전의 부기등기나 신문공고로 대항요건을 갖춘 것으로 본다(위 한국자산관리공사법 44, 금융산업의구조개선에관한법률 14 ②, 14의2 ②, 자산유동화에관한법률 7 ① 단서).

그러나 상속, 전부 등 저당권부 채권이 법률 규정에 의하여 이전된 경우에는 저당권도 이에 따라 등기 없이도 이전되므로 상속인, 전부채권자가 경매신청을 할 수 있다(등기선례 2-386). 이 경우에는 호적등본, 전부명령 등 포괄승계나 전부사실을 증명하는 서면을 첨부하여야 한다.

(2) 전세권자의 경매신청

전세권자는 전세권설정자에 대하여 '전세목적물의 인도의무' 및 '전세권설정등기 말소의무'의 이행제공을 하여 전세권설정자를 이행지체(履行

遲滯)에 빠뜨려야 경매신청할 수 있다(대법원 1977. 4. 13.자 77마90 결정).

그것은 전세권설정자의 '전세금반환의무'는 전세권자의 '전세목적물의 반환의무' 및 '전세권설정등기의 말소의무'가 동시이행관계(同時履行關係)에 있기 때문이다(민법 317).

건물 일부의 전세권자는 그 건물 일부와 건물 전부에 대하여 경매신청할 수 없다.

그것은 건물 일부는 「일물일권주의(一物一權主義)」에 어긋나고, 건물 전부는 전세권의 목적물이 아닌 나머지 건물부분에 대하여 경매신청할 수 없기 때문이다(대법원 1992. 3. 10.자 91마 256 결정).

(3) 권리질권자의 경매신청

저당권부 채권이 질권의 목적으로 된 경우에는, 질권자는 질권의 행사로서의 저당권의 실행을 위하여 경매신청을 할 수 있다.

다만, 저당권등기에 '질권의 부기등기'를 해야 한다(민법 348).

6 형식적 경매

(1) 실적적 경매와 형식적 경매

　민사집행법상의 경매에는 집행권원에 터 잡아 행하는 「강제경매(强制競賣)」, 담보권실행을 위한 「임의경매(任意競賣)」, 오로지 특정재산의 가격 보존 또는 정리를 위하여 하는 「형식적 경매」의 세 가지가 있다. 이 가운데 강제경매와 임의경매는 채권자가 자기채권의 만족을 얻기 위하여 실행하므로 「실질적 경매(實質的 競賣)」라 하고, 재산의 가격 보존 또는 정리를 위한 경매를 「형식적 경매(形式的 競賣)」라 한다.

　유치권에 의한 경매도 형식적 경매와 동일하게 취급하므로 이를 포함시켜 「광의(廣義)의 형식적 경매」라 한다. 형식적 경매는 임의경매의 예에 따라 실시하므로 이를 포함시켜 「광의의 임의경매」라 한다.

경매의 분류표

강제경매 · 임의경매		경매의 종류	실질적 경매 · 형식적 경매	
강제경매		집행권원에 터 잡아 행하는 경매	실질적 경매	
임의경매 (광의)	임의경매(협의)	담보권실행을 위한 경매		
		민법 · 상법, 그 밖의 법률 규정에 따른 현금화를 위한 경매	형식적 경매 (협의)	형식적 경매 (광의)
		유치권에 의한 경매		

(2) 형식적 경매의 종류

① 유치권에 의한 경매

유치권은 「경매신청권」은 있으나(민법 322 ①) 「우선변제권」이 없으므로 경매신청의 목적은 피담보채권의 강제적 실현이 아니라 그 물건을 채무변제시까지 무작정 보관하는 부담에서 해방되기 위하여 유치권자에게 부여된 현금화권(現金化權)을 행사하는 것이다.

② 공유물분할을 위한 경매

공유물을 그 가치에 의하여 분할하기 위하여 현금화하는 것을 목적으로 하는 경매이다(민법 269 ②, 278, 1013 ②).

③ 자조매각

목적물의 인도의무를 부담하는 자가 그 인도의무를 면하기 위하여 물건을 금전으로 현금화하는 것을 목적으로 경매를 신청하는 것이다(258 ⑥, 규 142 ③, 200 ②, 민법 490).

자조매각(自助賣却)은 대부분 그 매각대금을 '공탁' 하나, 그 매각대금에서 자신의 채권의 '변제'를 받는 경우도 있다(상법 67 ③).

④ 단주의 경매

주식회사는 단주(端株)를 경매하여 그 대금을 주주에게 교부할 의무를 부담한다(상법 443 ①).

⑤ 타인의 권리를 상실시키는 경매

어떤 물건에 대한 타인의 권리를 상실시키는 것 자체를 직접적인 목적으로 하여 그 권리에 대한 경매를 인정한다(상법 757 ①, 집합건물의소유와관리에관한법률 45 ①).

⑥ 청산을 위한 경매

어떤 범위의 재산을 한도로 하여 각 채권에 대하여 채권액의 비율에 따라 일괄하여 변제하기 위하여 청산을 목적으로 당해 재산을 현금화하는 것이다(민법 1037, 1051 ③).

파산재단에 속하는 부동산이나 별재권의 목적인 재산을 현금화하는 것이다(파산법 192, 193).

(3) 형식적 경매의 절차

① 경매의 신청

신청서 기재사항 중 채권자 · 채무자 · 소유자는 '신청인 · 상대방' 으로, 담보권과 피담보채권의 표시는 '경매신청권의 표시' 등으로 바꾸어 기재한다.

유치권에 의한 경매신청의 경우에 피담보채권의 채무자와 경매목적물의 소유자가 다른 경우에는 '신청인 · 유치권의 채무자 · 상대방' 으로 기재한다.

② 소멸주의와 인수주의

담보권의 실행을 위한 경매는「소멸주의(消滅主義)」가 원칙이나(91 ②, ③, ④, 268), 형식적 경매에 있어서는 '청산을 위한 경우'에는「소멸주의」를, '그 외의 단순히 현금화 그 자체만을 목적으로 하는 경우'에는「인수주의」를 취한다(다수설).

다만, 인수주의(引受主義)를 취하는 경우에는 매각기일의 공고와 매각물건명세서에 부동산상의 부담이 소멸하지 않음을 기재하여야 한다.

③ 강제경매 또는 담보권실행으로서의 경매와의 경합

형식적 경매가 진행중인 목적물에 관하여 강제경매 또는 담보권의 실행을 위한 경매가 개시된 경우에는 형식적 경매를 '정지'하고 채권자 또는 담보권자를 위하여 그 절차를 계속하여 '진행'하고, 강제경매 또는 담보권실행을 위한 경매가 취소되면 형식적 경매절차를 '속행'한다(274 ②, ③).

그러나 공유물분할을 위한 경매의 경우에는 형식적 경매에 의하여 목적물 전체를 매각하고, 지분에 대한 뒤에 개시된 사건의 압류채권자는 그 공유자가 취득한 매각대금교부청권에 대하여 채권집행을 행함에 의하여 만족을 받는다(배당 받는다는 견해도 있다).

제 5 장

매수신청의 방법

기일입찰

(1) 기일입찰의 입찰장소

입찰장소는 입찰자가 다른 사람이 알지 못하게 입찰표를 작성할 수 있도록 '설비'를 갖추어야 한다(규 61 ①).

기일입찰(期日入札)은 매각기일에 본인 또는 대리인이 매각장소에 출석하여 입찰표를 집행관에게 '제출'하는 방법으로 한다(규 62 ①).

(2) 동시입찰의 원칙

같은 입찰기일에 입찰에 부칠 사건이 2건 이상이거나 매각할 부동산이 2개 이상인 경우에는 법원이 따로 정하지 않는 한 각 부동산에 대한 입찰은 '동시'에 실시한다(규 61 ②).

특정 사건별로 응찰자의 수를 쉽게 알 수 없게 하여 경매브로커의 입찰방해를 방지하기 위한 것이다.

(3) 입찰표의 기재사항

입찰표에는 사건번호와 부동산의 표시, 입찰자와 대리인의 이름과 주소, 입찰가격을 적는다(규 62 ②).

사건번호로 부동산은 특정되므로 부동산의 표시는 적을 필요가 없으며(입찰표에는 「부동산표시란」이 없다), 한 사건에 여러 개의 물건들이 개별적으로 입찰에 부쳐진 경우에는 사건번호 외에 '물건번호(物件番號)'를 기재한다.

 법인이 입찰할 경우에는 본인의 성명란에 법인의 명칭 외 '대표자의 이름'을 적어야 하고, 만일 대표자의 이름을 적지 아니하면 그 입찰는 무효로 처리된다(재민2002-1). 주민등록란에는 종전에는 법인의 '부동산등기용 등록번호'를 적었으나, 2004. 1. 1.부터 '사업자등록번호'를 적는다(행정예규 527).

 입찰가격은 일정한 금액으로 표시하고 다른 입찰가격에 대한 비례로 표시하지 못하며(규 62 ② 후문), 금액의 기재는 수정할 수 없으므로(규 62 ⑥), 수정을 해야 하는 때에는 새 용지를 사용한다.

 입찰표에 날인할 수 없는 때에는 날인에 갈음하여 '무인(拇印)'할 수 있다. 이 경우에는 집행관이 본인의 무인임을 증명한다는 문구를 기재하고 기명날인한다(재민99-2).

 입찰표의 기재례를 예시하면 다음과 같다.

본인이 작성하는 경우

<table>
<tr><td colspan="10" align="center">입 찰 표</td></tr>
</table>

서울중앙지방법원 집행관 귀하		2004 년 9 월 1 일
사건번호	2004타경 4321 호	물건번호 ※ 물건번호가 있는 경우에만 기재

입찰자	본인	성명	김 갑 동 ㉑		
		주민등록번호	620707-1083213	전화번호	386 - 0822
		주소	서울시 서초구 서초동 1701-1		
	대리인	성명		본인과의 관계	
		주민등록번호		전화번호	-
		주소			

입찰가액	천억	백억	십억	억	천만	백만	십만	만	천	백	십	일		보증금액	백억	십억	억	천만	백만	십만	만	천	백	십	일	
					8	1	0	8	0	0	0	0	원					8	1	0	0	0	0	0	원

보증금을 반환받았습니다.

입찰자 본인 또는 대리인   ㉑

주의사항

1. 입찰표는 물건마다 별도의 용지를 사용하십시오. 다만, 일괄입찰시에는 1매의 용지를 사용하십시오.
2. 한 사건에서 입찰물건이 여러 개 있고 그 물건들이 개별적으로 입찰에 부쳐진 경우에는 사건번호 외에 물건번호를 기재하십시오.
3. 입찰자가 법인인 경우에는 본인의 성명란에 법인의 명칭과 대표자의 지위 및 성명을, 주민등록 번호란에는 **법인의 사업자등록번호를 각 기재하고** 대표자의 자격을 증명하는 문서(법인의 등기부 등·초본)를 제출하여야 합니다.
4. 주소는 주민등록상의 주소를, 법인은 등기부상의 본점소재지를 기재하시고 신분확인상 필요하오니 주민등록증을 꼭 지참하십시오.
5. **금액의 기재는 수정할 수 없으므로, 수정을 요하는 때에는 새 용지를 사용하십시오.**
6. 대리인이 입찰하는 때에는 입찰자란에 본인과 대리인의 인적사항 및 본인과의 관계 등을 모두 기재하는 외에 본인의 위임장(입찰표 뒷면을 사용)과 인감증명을 제출하십시오.
7. 위임장, 인감증명 및 자격증명서는 이 입찰표에 첨부하십시오.
8. 일단 제출된 입찰표는 취소, 변경이나 교환이 불가능합니다.
9. 공동으로 입찰하는 경우에는 공동입찰신고서를 입찰표와 함께 제출하되, 입찰표의 본인란에는 "별첨 공동입찰자목록 기재와 같음"이라고 기재한 다음, 입찰표와 공동입찰신고서 사이에는 공동입찰자 전원이 간인하십시오.
10. 입찰자 본인 또는 대리인 누구나 입찰보증금을 반환받을 수 있습니다.

대리인이 작성하는 경우

<table>
<tr><td colspan="12" align="center">입 찰 표</td></tr>
<tr><td colspan="6">부산지방법원   집행관   귀 하</td><td colspan="6" align="right">2004 년 9 월 1 일</td></tr>
<tr><td colspan="3">사건
번호</td><td colspan="3">2004 타경 9876 호</td><td colspan="2">물건
번호</td><td colspan="4">※물건번호가 있는 경우에만 기재 1</td></tr>
<tr><td rowspan="6">입
찰
자</td><td rowspan="3">본인</td><td>성   명</td><td colspan="3">이을순 ㊞</td><td colspan="2"></td><td colspan="3"></td></tr>
<tr><td>주민등록번호</td><td colspan="3">670115-2083313</td><td>전화번호</td><td colspan="3">503-8765</td></tr>
<tr><td>주   소</td><td colspan="6">부산시 연제구 거제동 1475 현대홈타운 210-802</td></tr>
<tr><td rowspan="3">대리인</td><td>성   명</td><td colspan="3">막병곤 ㊞</td><td>본인관의 관계</td><td colspan="3">오빠</td></tr>
<tr><td>주민등록번호</td><td colspan="3">610921-1117304</td><td>전화번호</td><td colspan="3">386-0821</td></tr>
<tr><td>주   소</td><td colspan="6">부산시 동래구 온천동 704 래미 12-705</td></tr>
</table>

입찰 가액	천억	백억	십억	억	천만	백만	십만	만	천	백	십	일		보증 금액	백억	십억	억	천만	백만	십만	만	천	백	십	일	
				4	2	0	0	0	0	0	0	0	원				3	1	5	0	0	0	0	0	0	원

보증금을 반환받았습니다.

입찰자 본인 또는 대리인   ㊞

주의사항

1. 입찰표는 물건마다 별도의 용지를 사용하십시오. 다만, 일괄입찰시에는 1매의 용지를 사용하십시오.
2. 한 사건에서 입찰물건이 여러 개 있고 그 물건들이 개별적으로 입찰에 부쳐진 경우에는 사건번호 외에 물건번호를 기재하십시오.
3. 입찰자가 법인인 경우에는 본인의 성명란에 법인의 명칭과 대표자의 지위 및 성명을, 주민등록 번호란에는 **법인의 사업자등록번호를 각 기재하고** 대표자의 자격을 증명하는 문서(법인의 등기부 등·초본)를 제출하여야 합니다.
4. 주소는 주민등록상의 주소를, 법인은 등기부상의 본점소재지를 기재하시고 신분확인상 필요하오니 주민등록증을 꼭 지참하십시오.
5. **금액의 기재는 수정할 수 없으므로, 수정을 요하는 때에는 새 용지를 사용하십시오.**
6. 대리인이 입찰하는 때에는 입찰자란에 본인과 대리인의 인적사항 및 본인과의 관계 등을 모두 기재하는 외에 본인의 위임장(입찰표 뒷면을 사용)과 인감증명을 제출하십시오.
7. 위임장, 인감증명 및 자격증명서는 이 입찰표에 첨부하십시오.
8. 일단 제출된 입찰표는 취소, 변경이나 교환이 불가능합니다.
9. 공동으로 입찰하는 경우에는 공동입찰신고서를 입찰표와 함께 제출하되, 입찰표의 본인란에는 "별첨 공동입찰자목록 기재와 같음"이라고 기재한 다음, 입찰표와 공동입찰신고서 사이에는 공동입찰자 전원이 간인하십시오.
10. 입찰자 본인 또는 대리인 누구나 입찰보증금을 반환받을 수 있습니다.

위 임 장

대리인	성 명	박 명 곤	직 업	회사원
	주민등록번호	610921-1119314	전화번호	386-0821
	주 소	부산시 동래구 온천동 909 번지 12-908		

위 사람을 대리인으로 정하고 다음 사항을 위임함.

다 음

부산 지방법원 2004 타경 0876 호 부동산 임의경매

경매사건에 관한 입찰행위 일체

본인1	성 명	이 을 순	직 업	주부
	주민등록번호	670115-2093313	전화번호	503-0765
	주 소	부산시 연제구 거제동 1479 현대홈타운 210 902		
본인2	성 명		직 업	
	주민등록번호		전화번호	
	주 소			
본인3	성 명		직 업	
	주민등록번호		전화번호	
	주 소			

※ 본인의 인감증명서 첨부
※ 본인이 법인인 경우에는 주민등록번호란에 사업자등록번호를 기재

부산 지방법원   귀중

법인의 대표자가 작성하는 경우

입 찰 표

대구지방법원 집행관 귀하							년 월 일

사건번호	2004 타경 1234 호	물건번호	※물건번호가 있는 경우에만 기재

입찰자	본인	성 명	대구공영주식회사 대표이사 76 갑돌		
		주민등록번호	604-81-37351	전화번호	011-701-0001
		주 소	대구시 수성구 범어동 176-1		
	대리인	성 명		본인관의 관계	
		주민등록번호		전화번호	-
		주 소			

입찰가액	천억	백억	십억	억	천만	백만	십만	만	천	백	십	일		보증금액	백억	십억	억	천만	백만	십만	만	천	백	십	일	
					1	2	3	4	0	0	0	0	원					1	0	0	0	0	0	0	0	원

보증금을 반환받았습니다.

입찰자 본인 또는 대리인 ㉑

주의사항

1. 입찰표는 물건마다 별도의 용지를 사용하십시오. 다만, 일괄입찰시에는 1매의 용지를 사용하십시오.
2. 한 사건에서 입찰물건이 여러 개 있고 그 물건들이 개별적으로 입찰에 부쳐진 경우에는 사건번호 외에 물건 번호를 기재하십시오.
3. 입찰자가 법인인 경우에는 본인의 성명란에 법인의 명칭과 대표자의 지위 및 성명을, 주민등록 번호란에는 **법인의 사업자등록번호를 각 기재하고** 대표자의 자격을 증명하는 문서(법인의 등기부 등·초본)를 제출 하여야 합니다.
4. 주소는 주민등록상의 주소를, 법인은 등기부상의 본점소재지를 기재하시고 신분확인상 필요하오니 주민등 록증을 꼭 지참하십시오.
5. **금액의 기재는 수정할 수 없으므로, 수정을 요하는 때에는 새 용지를 사용하십시오.**
6. 대리인이 입찰하는 때에는 입찰자란에 본인과 대리인의 인적사항 및 본인과의 관계 등을 모두 기재하는 외 에 본인의 위임장(입찰표 뒷면을 사용)과 인감증명을 제출하십시오.
7. 위임장, 인감증명 및 자격증명서는 이 입찰표에 첨부하십시오.
8. 일단 제출된 입찰표는 취소, 변경이나 교환이 불가능합니다.
9. 공동으로 입찰하는 경우에는 공동입찰신고서를 입찰표와 함께 제출하되, 입찰표의 본인란에는 "별첨 공동 입찰자목록 기재와 같음"이라고 기재한 다음, 입찰표와 공동입찰신고서 사이에는 공동입찰자 전원이 간인 하십시오.
10. 입찰자 본인 또는 대리인 누구나 입찰보증금을 반환받을 수 있습니다.

법인의 대리인이 작성하는 경우

입 찰 표

광주지방법원   집행관   귀 하   2004년 9월 1일

사건번호	2004타경 6432 호	물건번호	※물건번호가 있는 경우에만 기재

입찰자	본인	성 명	광주공업주식회사 대표이사 이수일 ㉑		
		주민등록번호	604-81-37341	전화번호	0647-4405
		주 소	광주시 동구 지산2동 342-1		
	대리인	성 명	삼순애 ㊞	본인관의 관계	직원
		주민등록번호	721105-2111091	전화번호	850-1220
		주 소	광주시 동구 대인동 312-7		

입찰가액	천억	백억	십억	억	천만	백만	십만	만	천	백	십	일	보증금액	백억	십억	억	천만	백만	십만	만	천	백	십	일
				4	5	0	0	0	0	0	0	0 원					3	2	0	0	0	0	0	0 원

보증금을 반환받았습니다.

입찰자 본인 또는 대리인   ㉑

주의사항

1. 입찰표는 물건마다 별도의 용지를 사용하십시오. 다만, 일괄입찰시에는 1매의 용지를 사용하십시오.
2. 한 사건에서 입찰물건이 여러 개 있고 그 물건들이 개별적으로 입찰에 부쳐진 경우에는 사건번호 외에 물건번호를 기재하십시오.
3. 입찰자가 법인인 경우에는 본인의 성명란에 법인의 명칭과 대표자의 지위 및 성명을, 주민등록 번호란에는 **법인의 사업자등록번호를 각 기재하고** 대표자의 자격을 증명하는 문서(법인의 등기부 등·초본)를 제출하여야 합니다.
4. 주소는 주민등록상의 주소를, 법인은 등기부상의 본점소재지를 기재하시고 신분확인상 필요하오니 주민등록증을 꼭 지참하십시오.
5. **금액의 기재는 수정할 수 없으므로, 수정을 요하는 때에는 새 용지를 사용하십시오.**
6. 대리인이 입찰하는 때에는 입찰자란에 본인과 대리인의 인적사항 및 본인과의 관계 등을 모두 기재하는 외에 본인의 위임장(입찰표 뒷면을 사용)과 인감증명을 제출하십시오.
7. 위임장, 인감증명 및 자격증명서는 이 입찰표에 첨부하십시오.
8. 일단 제출된 입찰표는 취소, 변경이나 교환이 불가능합니다.
9. 공동으로 입찰하는 경우에는 공동입찰신고서를 입찰표와 함께 제출하되, 입찰표의 본인란에는 "별첨 공동입찰자목록 기재와 같음"이라고 기재한 다음, 입찰표와 공동입찰신고서 사이에는 공동입찰자 전원이 간인하십시오.
10. 입찰자 본인 또는 대리인 누구나 입찰보증금을 반환받을 수 있습니다.

위 임 장

<table>
<tr><td rowspan="3">대
리
인</td><td>성 명</td><td>삼은애</td><td>직 업</td><td>회사원</td></tr>
<tr><td>주민등록번호</td><td>72110 5 - 2 11109</td><td>전화번호</td><td>850 - 1220</td></tr>
<tr><td>주 소</td><td></td><td></td><td></td></tr>
</table>

위 사람을 대리인으로 정하고 다음 사항을 위임함.

다   음

광주 지방법원 2004 타경 6432 호 부동산 경제 7604

경매사건에 관한 입찰행위 일체

<table>
<tr><td rowspan="3">본
인
1</td><td>성 명</td><td>광주 광역 주식회사
대표이사 정우열</td><td>직 업</td><td></td></tr>
<tr><td>주민등록번호</td><td>604-81-37351</td><td>전화번호</td><td>8547 - 4405</td></tr>
<tr><td>주 소</td><td>광주시 동구 지산2동 342 - 1</td><td></td><td></td></tr>
<tr><td rowspan="3">본
인
2</td><td>성 명</td><td></td><td>직 업</td><td></td></tr>
<tr><td>주민등록번호</td><td></td><td>전화번호</td><td></td></tr>
<tr><td>주 소</td><td></td><td></td><td></td></tr>
<tr><td rowspan="3">본
인
3</td><td>성 명</td><td></td><td>직 업</td><td></td></tr>
<tr><td>주민등록번호</td><td></td><td>전화번호</td><td></td></tr>
<tr><td>주 소</td><td></td><td></td><td></td></tr>
</table>

※ 본인의 인감증명서 첨부
※ 본인이 법인인 경우에는 주민등록번호란에 사업자등록번호를 기재

지방법원   귀중

공동으로 입찰하는 경우

<table>
<tr><td colspan="15" align="center">입 찰 표</td></tr>
<tr><td colspan="8">울산지방법원   집행관   귀 하</td><td colspan="7">2004년 9월 1일</td></tr>
<tr><td rowspan="2">사건
번호</td><td colspan="5">타경</td><td>호</td><td>물건
번호</td><td colspan="8">※물건번호가 있는 경우에만 기재</td></tr>
</table>

입찰자	본인	성 명	"별첨 공동입찰자 목록 기재와 같음" ㉑		
		주민등록번호		전화번호	
		주 소			
	대리인	성 명		본인관의 관계	
		주민등록번호		전화번호	-
		주 소			

입찰 가액	천억	백억	십억	억	천만	백만	십만	만	천	백	십	일		보증 금액	백억	십억	억	천만	백만	십만	만	천	백	십	일	
			1	4	9	1	0	0	0	0	0	0	원					1	2	3	4	0	0	0	0	원

보증금을 반환받았습니다.

입찰자 본인 또는 대리인   ㉑

주의사항

1. 입찰표는 물건마다 별도의 용지를 사용하십시오. 다만, 일괄입찰시에는 1매의 용지를 사용하십시오.

2. 한 사건에서 입찰물건이 여러 개 있고 그 물건들이 개별적으로 입찰에 부쳐진 경우에는 사건번호 외에 물건 번호를 기재하십시오.

3. 입찰자가 법인인 경우에는 본인의 성명란에 법인의 명칭과 대표자의 지위 및 성명을, 주민등록 번호란에는 **법인의 사업자등록번호를 각 기재하고** 대표자의 자격을 증명하는 문서(법인의 등기부 등·초본)를 제출하여야 합니다.

4. 주소는 주민등록상의 주소를, 법인은 등기부상의 본점소재지를 기재하시고 신분확인상 필요하오니 주민등록증을 꼭 지참하십시오.

5. **금액의 기재는 수정할 수 없으므로, 수정을 요하는 때에는 새 용지를 사용하십시오.**

6. 대리인이 입찰하는 때에는 입찰자란에 본인과 대리인의 인적사항 및 본인과의 관계 등을 모두 기재하는 외에 본인의 위임장(입찰표 뒷면을 사용)과 인감증명을 제출하십시오.

7. 위임장, 인감증명 및 자격증명서는 이 입찰표에 첨부하십시오.

8. 일단 제출된 입찰표는 취소, 변경이나 교환이 불가능합니다.

9. 공동으로 입찰하는 경우에는 공동입찰신고서를 입찰표와 함께 제출하되, 입찰표의 본인란에는 '별첨 공동입찰자목록 기재와 같음'이라고 기재한 다음, 입찰표와 공동입찰신고서 사이에는 공동입찰자 전원이 간인하십시오.

10. 입찰자 본인 또는 대리인 누구나 입찰보증금을 반환받을 수 있습니다.

공 동 입 찰 신 고 서

사건번호 2004 타경 1234 호

물건번호 2

공동입찰자 별지목록과 같음

위 사건에 관하여 공동입찰을 신고합니다.

2004. 9. 1.

신청인 이몽룡 외 1 인(별지목록 기재와 같음)

울산지방법원 집행관 귀하

※ 1. 공동입찰을 하는 때에는 입찰시 목록에 각자의 지분을 분명하게 표시하여야 합니다.

  2. 별지 공동입찰자 목록과 사이에 공동 입찰자 전원이 간인하십시오.

공 동 입 찰 자 목 록

번호	성　　명	주　　　　소		지분
		주민등록번호	전화번호	
1	이 몽 룡 ㊞	양산시 북부동 386-5 620709-10P3312		½
2	성 춘 향 ㊞	양산시 북부동 386-5 670115-2p03314		½
3	㊞			
4	㊞			
5	㊞			
6	㊞			
7	㊞			
8	㊞			
9	㊞			
10	㊞			

매수신청보증 봉투 및 입찰봉투의 양식은 다음과 같다.

매수신청보증 봉투(흰색 작은 봉투)

(앞면)

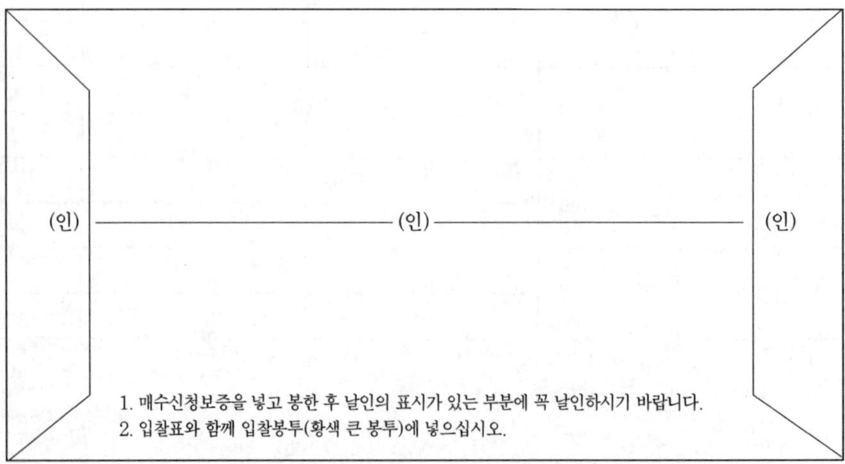

법원

매수신청보증봉투

사건번호	2004타경	호
물건번호		
제 출 자		㊞

주 : 크기는 통상의 규격봉투와 같다.

(뒷면)

(인) ——————————— (인) ——————————— (인)

1. 매수신청보증을 넣고 봉한 후 날인의 표시가 있는 부분에 꼭 날인하시기 바랍니다.
2. 입찰표와 함께 입찰봉투(황색 큰 봉투)에 넣으십시오.

입찰 봉투(황색 큰 봉투)

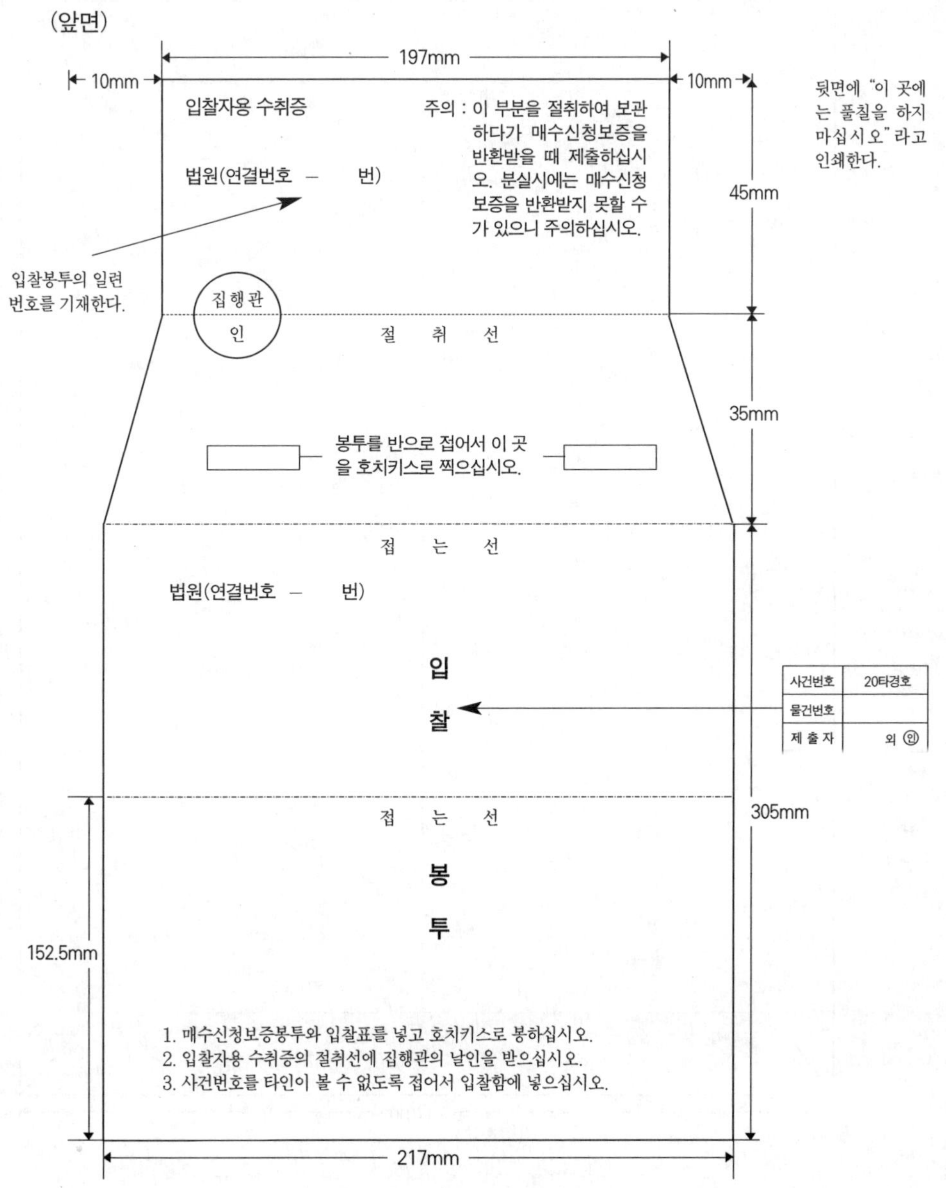
(앞면)
197mm
10mm
10mm
입찰자용 수취증
주의 : 이 부분을 절취하여 보관
하다가 매수신청보증을
반환받을 때 제출하십시
오. 분실시에는 매수신청
보증을 반환받지 못할 수
가 있으니 주의하십시오.
법원(연결번호 ─ 번)
45mm
뒷면에 "이 곳에
는 풀칠을 하지
마십시오"라고
인쇄한다.
입찰봉투의 일련
번호를 기재한다.
집행관
인
절 취 선
35mm
봉투를 반으로 접어서 이 곳
을 호치키스로 찍으십시오.
접 는 선
법원(연결번호 ─ 번)
입
찰
사건번호 20타경호
물건번호
제 출 자 외 ㉑
305mm
접 는 선
봉
투
152.5mm
1. 매수신청보증봉투와 입찰표를 넣고 호치키스로 봉하십시오.
2. 입찰자용 수취증의 절취선에 집행관의 날인을 받으십시오.
3. 사건번호를 타인이 볼 수 없도록 접어서 입찰함에 넣으십시오.
217mm

(뒷면)

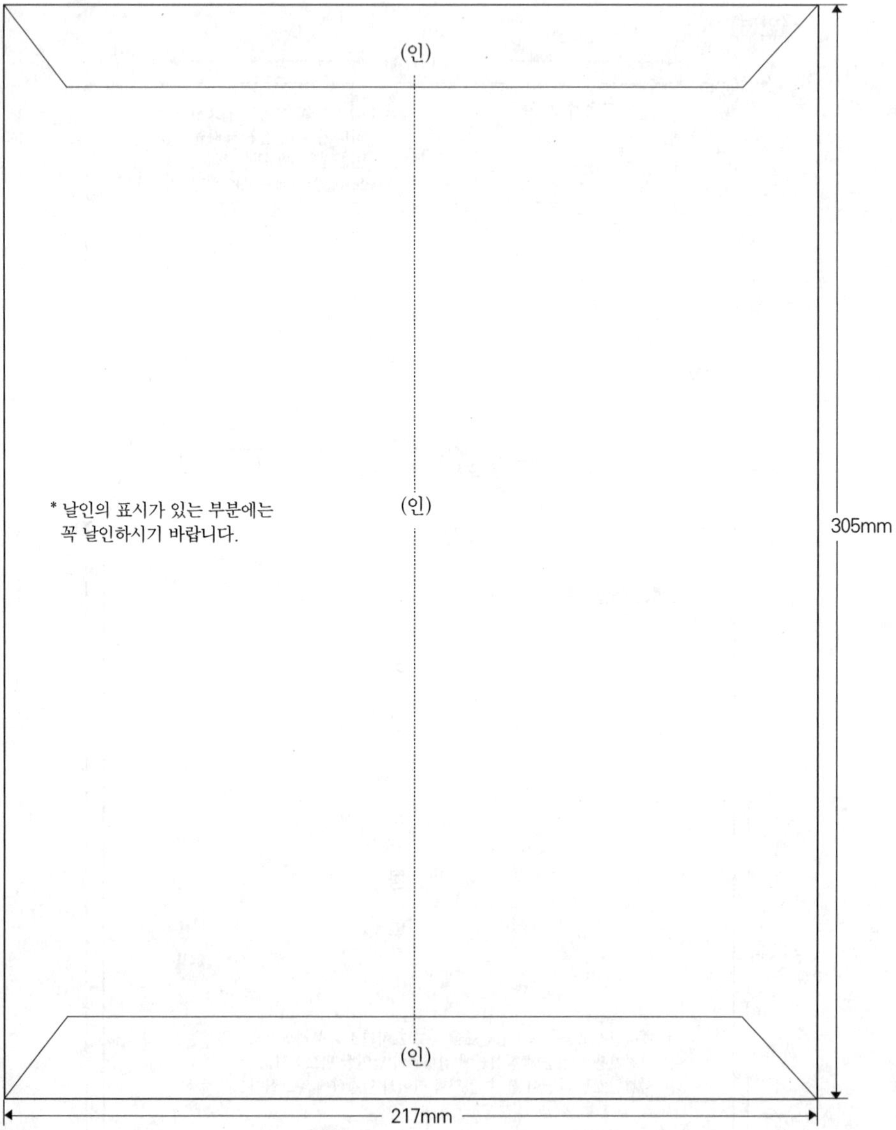

(4) 입찰표의 제출절차

　집행관은 입찰표기재대에 입실하는 사람에게 '입찰표', '매수신청보증봉투', '입찰봉투' 3종의 규격용지를 무상으로 준다.

　입찰표기재대에서 입찰표를 기재하고 입찰신청보증을 보증봉투에 넣고 1차로 봉한 후 입찰표와 함께 큰 입찰봉투에 스테이플러로 찍어 봉한 다음 기재대에서 나온다.

　입찰봉투와 주민등록증을 집행관에게 제출하여 본인여부를 확인 받은 후 집행관의 간인을 받은 다음 수취증을 떼내어 보관하고 입찰봉투를 입찰함에 투입한다.

기일입찰 과정표

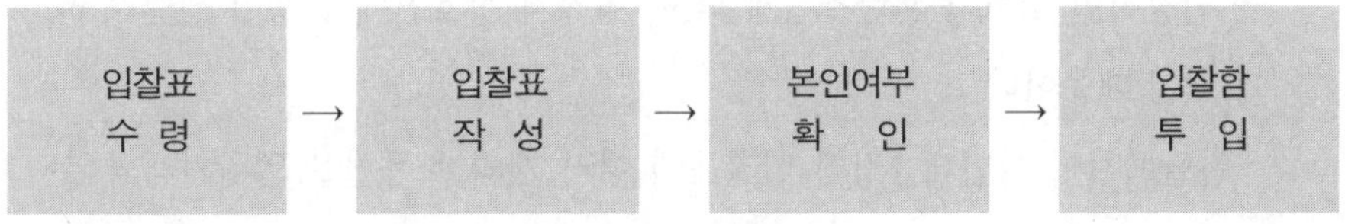

● 입찰표 수령 : 누구든지 응찰하려고 입찰대에 들어가는 사람에게 집행관은 입찰표, 보증봉투(흰색 작은 봉투) · 입찰봉투(황색 큰 봉투)의 세 가지를 준다.

● 입찰표 작성 : 기재대에 들어가서 입찰표를 작성하며 보증금을 보증봉투에 넣어 봉하고, 입찰표와 보증봉투를 입찰봉투에 넣어 호치키스로 봉한다.

● 본인여부 확인 : 입찰봉투와 주민등록증 등을 집행관에게 제출하여 본인
　　　　여부를 확인 받은 후 연결번호와 간인을 받고 수취증을 떼내어
　　　　보관한다.

● 입찰함 투입 : 집행관으로부터 간인을 받고 수취증을 떼낸 후 입찰봉투
　　　　를 입찰함에 투입한다.

(5) 입찰의 변경 또는 취소의 금지

기일입찰에서 입찰은 취소 · 변경 또는 교환할 수 없다(규 62 ⑥).

입찰의 취소는 입찰의 의사표시를 철회하는 것이고, 변경은 입찰의 기재내용을 정정 · 추가하는 것이며, 교환은 입찰표를 바꾸는 것인데, 이것을 인정하면 절차가 혼란스럽게 되고, 입찰자 상호간에 분쟁이 생길 우려가 있기 때문이다.

일괄매각이 아닌데 1장의 입찰표에 여러 개의 부동산을 입찰가액의 총액만을 기재하여 제출하였다가 매각기일종결 후 집행관의 보완지시를 받고 부동산별로 입찰표를 다시 작성하여 제출하여도 그 입찰표는 무효이다(대법원 1994. 8. 8. 선고 94마 1150 결정).

동일인이 2개의 다른 매수신고를 한 경우에는 2개의 입찰 모두를 무효로 한다. 만일 두 번째 입찰을 유효로 하면 실질적으로 입찰의 변경을 허용하는 것이기 때문이다.

(6) 개 찰

개찰(開札)은 입찰마감시각으로부터 10분 안에 시작하고, 개찰할 때에 입찰자가 한 사람도 출석하지 아니한 경우에는 법원사무관 등 상당하다고 인정되는 사람을 '참여'하게 한다.

개찰은 입찰자가 보는 앞에서 먼저 입찰봉투만 개봉하여 사건번호(필요 시에는 물건번호 포함), 입찰목적물, 입찰자의 이름 및 입찰가격을 부른다.

매수신청보증봉투는 최고의 가격으로 입찰한 사람의 것만 개봉하여 확인하고, 보증금액에 미달하는 경우에는 그 입찰자의 입찰을 '무효'로 하며, 차순위의 가격을 입찰한 사람의 매수신청보증 봉투를 개봉한다.

제출된 입찰표의 기재에 불비가 있는 경우에는 다음 처리기준에 의하여 '입찰표의 유 · 무효'를 판단한다(재민2002-1).

입찰표의 기재에 불비가 있는 경우의 처리기준

번호	불비사항	처리기준
1	입찰날짜를 적지 아니하거나 잘못 적은 경우	입찰봉투의 기재에 의하여 그 매각기일의 입찰임을 특정할 수 있으면 개찰에 포함시킨다.
2	사건번호를 적지 아니한 경우	입찰봉투, 매수신청보증봉투, 위임장 등 첨부서류의 기재에 의하여 사건번호를 특정할 수 있으면 개찰에 포함시킨다.
3	물건번호를 적지 아니한 경우	개찰에서 제외한다. 다만, 물건의 지번·건물의 호수 등을 적거나 입찰봉투에 기재가 있어 매수신청 목적물을 특정할 수 있으면 개찰에 포함시킨다.
4	입찰자 본인 또는 대리인의 이름을 적지 아니한 경우	개찰에서 제외한다. 다만, 고무인·인장 등이 선명하여 용이하게 판독할 수 있거나 대리인의 이름만 기재되어 있으나 위임장·인감증명서 본인의 기재가 있는 경우에는 개찰에 포함시킨다.
5	입찰자 본인과 대리인의 주소·이름이 함께 적혀 있지만(이름 아래 날인이 있는 경우 포함) 위임장이 붙어 있지 아니한 경우	본인의 입찰로서 개찰에 포함시킨다.
6	입찰자 본인의 주소·이름이 적혀 있고 위임장이 붙어 있지만, 대리인의 주소·이름이 적혀 있지 아니한 경우	본인의 입찰로서 개찰에 포함시킨다.
7	위임장이 붙어 있고 대리인의 주소·이름이 적혀 있으나 입찰자 본인의 주소·이름이 적혀 있지 아니한 경우	위임장 기재로 보아 본인의 주소·이름을 특정할 수 있으면 개찰에 포함시킨다.
8	입찰자 본인 또는 대리인의 주소나 이름이 위임장 기재와 다른 경우	이름이 다른 경우에는 개찰에서 제외한다. 이름이 같고 주소만 다른 경우에는 개찰에 포함시킨다.
9	입찰자가 법인인 경우 대표자의 이름을 적지 아니한 경우(날인만 있는 경우도 포함)	개찰에서 제외한다. 다만, 법인등기부등본으로 그 자리에서 자격을 확인할 수 있거나, 고무인·인장 등이 선명하며 용이하게 판독할 수 있는 경우에는 개찰에 포함시킨다.
10	입찰가격의 기재를 정정한 경우	정정인 날인 여부를 불문하고 개찰에서 제외한다.
11	입찰가격의 기재가 불명확한 경우 (예, 5와 8, 7과 9, 0과 6 등)	개찰에서 제외한다. 다만, 보증금액의 기재가 명확하고 그에 따라 입찰가격을 특정할 수 있을 때에는 개찰에 포함시킨다.
12	매수신청보증을 적지 아니하거나, 기재된 매수신청보증이 정해진 매수신청보증과 다른 경우	보증금봉투에 의하여 정해진 매수신청보증 이상의 보증 제공이 확인되는 경우에는 개찰에 포함시킨다.
13	보증금액을 정정하고 정정인이 없는 경우	
14	하나의 물건에 대하여 같은 사람이 여러 장의 입찰표를 제출한 경우	입찰표 모두를 개찰에서 제외한다.
15	위임장은 붙어 있으나 위임장이 사문서로서 인감증명서가 붙어 있지 아니하거나, 위임장과 인감증명서의 인영이 틀린 경우	최고가매수신고인 결정 전까지 인감증명서를 제출하거나 그 밖에 이에 준하는 확실한 방법으로 위임장의 진정 성립을 증명한 때에는 그 입찰자를 최고가매수신고인(차순위매수신고인)으로 결정할 수 있다.

기간입찰   2

(1) 입찰기간 등의 지정

법원은 매각방법을 결정한 때에는 매각기일과 매각결정기일을 정하여 공고하고 이해관계인에게 통지하는데(104 ①, ②), 기간입찰(期間入札)의 방법으로 매각하는 경우에는 「입찰기간(入札期間)」을 지정하여 공고하고, 이를 이해관계인에게 통지한다(104 ④).

입찰기간은 '1주 이상 1월 이하'의 범위 안에서 정하고, 매각기일은 입찰기간이 끝난 후 '1주 이내의 날'로 정하며(규 68), 매각결정기일은 매각기일(개찰기일)부터 '1주 이내'로 정한다(109 ①).

(2) 두 가지 입찰방법

기일입찰에서는 입찰표를 집행관에게 제출하는 한 가지 방법밖에 없으나(규 62 ①), 기간입찰은 1주 이상의 입찰기간 이내에 입찰이 이루어지므로(규 68) 입찰표를 넣고 봉함을 한 봉투의 겉면에 매각기일을 적어 집행관에 제출하는 방법과 그 봉투를 등기우편으로 부치는 두 가지 방법이 있다(규 69).

우편물이 입찰기간 만료 후에 도달되거나 보통우편에 의한 것은 무효로 처리하나, 입찰기간 개시 전에 도달된 것은 유효로 하는 것이 상당하다(실무제요 241쪽).

입찰봉투를 받은 집행관은 봉투에 접수일자와 시각이 명시된 접수인을 찍고 장부에 등재한 후 개찰기일까지 보관한다.

기간입찰 과정표

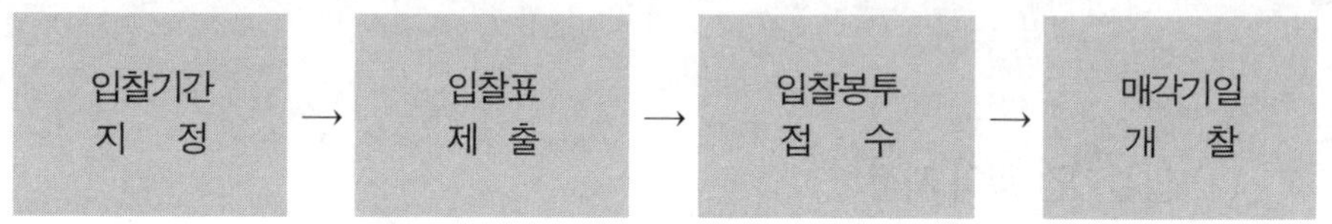

● 입찰기간 지정 : 입찰기간을 1주 이상 1월 이내의 범위에서 정하여 공고하고, 이해관계인에게 이를 통지한다.

● 입찰표 제출 : 매각기일을 적은 입찰봉투를 집행관사무실에 출석하여 집행관에게 제출하거나, 집행관에게 등기우편으로 우송할 수 있다.

● 입찰봉투 접수 : 입찰봉투에 접수일자와 시각이 명시된 접수인을 찍고 장부에 등재한 다음 보관한다.

● 매각기일 개찰 : 입찰을 한 사람을 참여시켜(참여하지 아니한 경우에는 적당하다고 인정하는 사람을 참여시킨다) 입찰표를 개봉하고, 최고가 · 차순위 매수신고인을 결정한다.

(3) 기일입찰의 준용

기간입찰에 관하여 기일입찰의 규정 중 필요한 조항을 준용한다(규 71).

호가경매

3

(1) 경매와 입찰

최고가매수신고인을 정하는 방법으로「경매(競賣)」는 공개리에 말로서 매수가격을 불러 올리는데 반하여,「입찰(入札)」은 비밀리에 서면으로서 매수가격을 써내는 방법이다.

개정 전 구 민사소송법은 부동산현금화방법으로 경매를 원칙으로 하고 입찰은 필요하면 예외로 할 수 있었는데, 경매브로커의 폐해를 없애기 위하여 1992년경부터 전국 법원에서 입찰을 실시하고 있다.

그런데 2002. 7. 1.부터 시행된 민사집행법은 종전의 경매를「호가경매」로, 종전의 입찰을「기일입찰」로 하고, 그 외「기간입찰」을 신설하였으며, 호가경매와 기일입찰은 1기일 2회 실시할 수 있도록 하였다.

(2) 경매가격의 표시방법

호가경매(呼價競賣)는 호가경매기일에 매수신청의 금액을 서로 올리는 한 가지 방법으로 한다(규 71 ①).

매수신고가격은 최저매각가격 이상이어야 하며, 두 번째 이후의 신고가격은 종전의 신고가격보다 고가(高價)이어야 한다. 예를 들면 타인이 신고한 매수가격에 '1할 더', '50만원 더' 하는 식으로 비례로 표시할 수 있다. 이 점은 입찰가격의 표시방법과 다르다(규 62 ②).

(3) 신고액의 구속

매수신청을 한 사람은 보다 높은 금액의 매수신청이 있을 때까지 신청액에 구속된다(규 72 ②). 호가경매에서는 보다 높은 금액의 매수신청이 있으면 위와 같은 구속에서 벗어난다.

구속에서 벗어나려면 보다 높은 매수신청이 적법한 것이어야 한다.

호가경매과정표

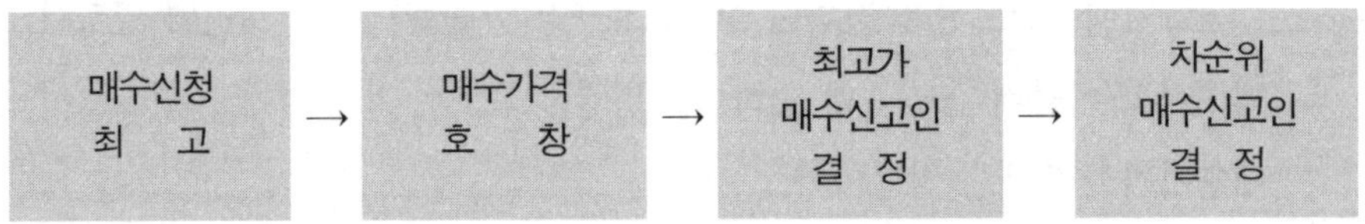

● 매수신청 최고 : 집행관은 특별매각조건이 있는 때에는 이를 고지하고 사건별로 매수가격을 신고하도록 최고한다(112).

● 매수가격 호창 : 출석한 매수신청 희망자 전원이 알 수 있을 정도로 매수신청의 금액을 서로 올려가며 말로 신고한다.

● 최고가매수신고인 결정 : 집행관은 매수신청의 금액 가운데 최고의 것을 부르면서 다시 매수신청을 최고하나 매수신청이 끊어진 때에는 최고의 것을 3회 부른 후 그 신청을 한 사람을 최고매수신고인으로 정하며 그 이름과 매수신청의 금액을 고지한다(규 72 ③).

● 차순위매수신고인 결정 : 최고가매수신고액의 90%(최고가매수신고액에서 그 보증을 뺀 금액) 이상 호창한 자는 매각기일을 마칠 때까지 차순위매수신고를 할 수 있다(114).

제6장

권리분석

1

개별상대효와 절차상대효

(1) 채무자의 재산을 압류 또는 가압류하면 국가가 채무자의 처분권(處分權)을 박탈하므로 채무자는 이를 처분할 수 없다.

채무자가 처분행위를 할 수 없다고 하는 것은 채무자의 처분행위가 '절대적(絶對的)'으로 무효인 것이 아니라 당사자간에는 유효하고, 다만 압류(押留) 또는 가압류(假押留) 채권자에게 대항할 수 없으므로 경매절차에서 그 효력을 대항하지 못하는 것뿐이다. 따라서 경매절차가 취하 또는 집행취소에 의하여 소멸하게 되면, 그 처분행위는 완전한 효력을 가지게 된다(대법원 1964. 12. 29. 선고 64다 1218 판결). 이러한 의미에서 압류의 처분제한의 효력은 '상대적(相對的)'이라 할 수 있다.

(2) 압류의 상대적 효력에 관하여 압류 후의 처분행위가 누구에 대한 관계에서 그 효력을 대항할 수 없는가에 따라 「개별상대효」와 「절차상대효」로 나눈다.

압류 후의 처분행위는, 「개별상대효(個別相對效)」는 압류의 효력을 압류채권자와의 개별적인 관계로 보아 '처분행위 이전'의 압류채권자나 배당요구 등 이미 절차에 참가하고 있는 채권자에 대하여만 대항(對抗)할 수 없을 뿐 처분행위 후의 압류채권자나 배당요구 채권자에 대하여는 대항할 수 있다. 그러나 「절차상대효(節次相對效)」는 압류의 효력을 집행절차

전체와의 관계로 보아 '처분행위 이전'의 압류채권자나 배당요구채권자뿐만 아니라, '처분행위 후'의 압류채권자나 배당요구채권자에 대하여도 대항할 수 없다.

(3) 민사집행법은 ① '압류한 물건은 강제집행을 신청한 모든 채권자를 위하여 압류한 것으로 본다'고 규정하여 유체동산에 대하여는 「절차상대효」를 명문화하였으나(215 ③), ② 부동산에 대하여는 「개별상대효」를 채용한다(대법원 1990. 4. 10. 선고 90다 2403 판결).

따라서 가압류 후에 설정한 저당권자의 신청에 의하여 경매절차가 진행되는 중 강제경매를 신청하여 압류가 경합한 경우에 가압류채권자 갑, 가압류 후의 저당권자 을, 이중압류채권자 병 3자간의 순위는 저당권자 을은 그 저당권으로써 가압류채권자 갑에게 대항할 수 없으므로 일반채권자와 동일한 지위에 서지만, 을은 그 저당권으로써 병에 대항할 수 있으므로 갑 · 을 · 병은 1단계로 평등하게 취급되어 그 채권액에 비례하여 안분배당(按分配當)을 받되(대법원 1987. 6. 9. 선고 86다카 2570 판결), 2단계로 을은 병이 받은 배당액으로부터 자기의 채권액이 만족될 때까지 이를 흡수(吸收)하여 변제받을 수 있다(안분 후 흡수설).

가압류 후에 소유권이전등기가 된 경우에는 가압류채무자에 대한 다른 채권자는 다시 압류하거나 배당요구할 수 없으므로(재민63-11) 가압류권자는 양수인에 대하여 매각대금 중 가압류의 '청구금액의 전액(全額)'에 관하여 우선(優先)한다(대법원 1998. 11. 13. 선고 97다 57337 판결).

매수인의 법률상 지위

2

(1) 매수인은 최순위 저당권자와 동일한 법률상 지위에서 권리를 취득한다

저당권, 담보가등기, 가압류는 매수인의 매각대금의 지급으로 모두 소멸된다. 그런데 최순위 저당권이 소멸되면 그 이후의 모든 권리는 후순위이므로 배당받았는지 여부와 관계없이 모두 소멸된다.

다만, 예고등기(豫告登記)는 경고를 목적으로 하는 예비등기에 불과하므로 원인무효소송의 결과에 따라 등기관의 직권 또는 수소법원의 촉탁에 의하여 말소된다(부동산등기법 170, 170의2).

결국 매수인은 저당권, 담보가등기, 가압류 중 가장 앞선 등기의 권리자와 동일한 법률상 지위에서 권리를 취득한다. 즉 최선순위 저당권자에 대항할 수 있는 것은 매수인에게도 대항할 수 있고, 최순위 저당권자에 대항할 수 없는 것은 매수인에게도 대항할 수 없다(대법원 1999. 4. 23. 선고 98다32938 판결).

따라서 최순위 저당권 이후의 권리는 배당재단이 책임지고 매수인이 책임지지 않으며, 경매로 인한 매각등기시에 모두 말소등기되나 〔소제주의(消除主義)〕, 최순위 저당권자에 앞선 권리는 배당재단에서 책임지지 않고 매수인이 책임지며 경매로 인한 매각 등기시에 말소등기되지 않는다 〔인수주의(引受主義)〕.

(2) 매수인 앞으로의 소유권이전등기

매수인이 매각대금을 다 내면 매각부동산의 소유권을 취득한다(135).

이른바 법률규정에 의한 소유권취득이다(민법 187).

그래서 매수인이 등록세 등 등기에 드는 비용과 주민등록등본 등 서류를 내면 법원사무관 등은 매수인 앞으로의 소유권이전등기와 매수인이 인수하지 아니한 부담의 말소등기를 촉탁한다(144).

매수인이 죽은 경우에는 그 죽은 시기가 대금을 내기 전이면 상속인명의로, 그 뒤이면 매수인의 명의로 각 소유권이전등기를 촉탁한다. 매수인이 대금을 내기 전에 그 지위를 제3자에게 양도한 경우에도 소유권이전등기는 여전히 매수인 앞으로 촉탁한다.

제3취득자가 매수인이 된 때에는, ① 종전에는 「소유권이전등기」를 촉탁하였으나(경매개시결정등기 전에 경료된 소유권이전등기는 말소촉탁하지 아니하고, 경매개시결정등기 후에 경료된 소유권이전등기는 말소촉탁하였다) (개정 전 등기예규 815), ② 2001. 4. 19.부터 경매개시결정등기 전에 소유권이전등기를 받은 제3취득자가 매수인이 된 때에는 「소유권이전등기」를 촉탁하지 않는다(등기예규 1020).

(3) 경매로 인한 매각으로 말소되는 등기

매수인이 인수(引受)하지 아니한 부동산의 부담에 관한 기입을 말소하는 등기는 다음과 같다(144 ① ii, 91).

① 저당권(91 ②), 가압류, 국세체납처분에 따른 압류(대법원 1961. 2. 9. 선고 4293민상 124 판결), 담보가등기(가등기담보등에관한법률 15, 16) 및 위 각 등기 뒤에 한 용익물권 · 임차권(91 ③), 청구권가등기(대법원 1992. 4.

14.선고 91다 41996 판결), 가처분

② 경매개시결정기입등기 뒤에 한 소유권이전, 용익물권 · 임차권(91
③), 가처분(대법원 1964. 12. 15. 선고 63다 1071 판결)

③ 배당요구한 전세권(91 ④). 다만, 구법 사건은 존속기간의 정함이 없
거나 경매신청등기 후 6월 이내에 그 기간이 만료하는 것(구법 608 ②)

④ 경매개시결정(144 ① ⅲ, 94, 139 ①)

3 법정지상권

(1) 약정지상권과 법정지상권

건물, 기타 공작물이나 수목을 소유하기 위하여 타인의 토지를 사용하는 권리인 지상권을 당사자간의 계약으로 성립하는 것이 「지상권」 또는 「약정지상권」이고(민법 279), 법률의 규정에 의하여 당연히 성립되는 것이 「법정지상권(法定地上權)」이다.

토지와 건물이 동일 소유자에 속하였다가 저당실행으로 토지와 건물의 소유자가 달리하게 된 경우, 토지사용에 관하여 약정할 기회가 없으므로 토지소유자가 건물을 철거할 수 없도록 법정지상권이 성립한다(민법 366).

경매뿐만 아니라 매매, 그 밖의 원인으로 토지와 건물의 소유자가 달라지게 된 경우에도 그 건물을 철거한다는 특약이 없으면 건물소유자는 당연히 「관습법상의 법정지상권」을 취득한다(대법원 1960. 9. 29. 선고 4292민상 944 판결).

(2) 법정지상권의 성립요건

① 저당권설정 당시에 건물이 존재할 것

건물이 없는 토지에 저당권을 설정할 경우에는, 저당권자는 토지의 담보가치를 높게 평가하기 때문이다.

따라서 설정 후에 지은 건물을 위해서는 저당권자에게 불측의 손해를 주기 때문에 법정지상권이 성립하지 않으며(대법원 1965. 8. 31. 선고 65다 1404 판결), 그 건물은 설정 당시에 실제로 존재하고 있으면 되고, 보존등기가 없더라도 상관없다(대법원 1964. 9. 22. 선고 63아 62 판결).

저당권설정 당시에 건물이 존재한 때에는 나중에 그 건물이 멸실하여 재건하더라도 멸실 전의 건물을 표준으로 지상권을 인정한다(대법원 1990. 7. 10. 선고 90다카 6399 판결).

지상건물이 없는 토지에 근저당권을 설정하면서 근저당권자가 건물의 건축에 '동의(同意)'한 경우에도 법적 안정성을 해하므로 법정지상권이 성립되지 않으며(대법원 2003. 9. 5. 선고 2003다 26051 판결), 토지와 건물에 공동저당이 설정된 후 건물은 재건축되고 토지는 경매된 경우, 종래의 해석(대법원 90다카 6399, 92다 9388, 2000다 48517 각 판결)을 바꾸어 저당권자가 법정지상권의 가액상당가치를 되찾을 수 없어 법정지상권이 성립되지 않는다(대법원 2003. 12. 18. 선고 98다 43601 판결).

② 저당권을 설정할 때에 토지와 건물이 동일소유자에게 속할 것

토지와 건물은 저당권설정 당시에만 동일인에 속하였으면 그 후에 소유자가 변경되더라도 상관없고, 반대로 저당권설정 당시에는 소유자가 달라도 그 후에 토지소유자가 그 지상건물의 소유권을 취득하여 경매할 때에는 토지와 건물이 동일소유자(同一所有者)에게 속하게 된 경우에도 법정지상권이 성립한다.

③ 토지·건물의 어느 쪽이나 또는 양쪽에 저당권이 설정되어 있을 것

어느 쪽에도 저당권이 설정되어 있지 않는 경우에는 「관습법상의 법정지상권」이 성립한다.

④ 경매로 소유자가 달라질 것

강제경매든 임의경매든 불문한다.

(3) 법정지상권의 지료

법정지상권의 지료(地料)는 당사자의 '협의'로 정하고, 협의가 성립하지 못한 때에는 당사자의 청구로 '법원'이 이를 정한다(민법 366 단서).

지상권자가 '2년 이상'의 지료를 체납한 경우에는 지상권설정자는 지상권의 소멸을 청구할 수 있다(민법 287).

유치권 4

(1) 매수인에 대한 대항력

① 유치권(留置權)은 타인의 물건(또는 유가증권)을 점유하는 자가 그 물건에 관하여 생긴 채권의 변제를 받을 때까지 그 물건을 유치함으로써 변제를 간접적으로 강제하는 법정담보물권이다(민법 320 ①).

따라서 유치권은 목적물과 피담보채권 사이에 '견련성(牽連性)'이 있어야 성립한다. 유치권자가 유치물을 점유하기 전에 발생한 채권이라도 그 후 물건에 대하여 점유를 취득하면 「유치권」이 성립한다(대법원 1965. 3. 30. 64다 1977 판결).

유치권은 법률상 우선변제권이 없으나, 사실상 우선변제권이 있다.

② 유치권은 등기되는 권리가 아니므로 유치권자는 부동산 위의 권리자로서 그 권리를 증명하여 「권리신고」하여야 비로소 '경매절차의 이해관계인'이 될 수 있다(90 iv).

매수인은 유치권자에게 그 유치권으로 담보되는 채권을 '변제할 책임'이 있다(91 ⑤). 따라서 매수인은 유치권자에게 채권을 변제하지 않고는 '매각부동산의 인도'를 청구할 수 없다(대법원 1973. 1. 30. 선고 72다 1339 판결).

그러나 매수인이 인적채무까지 인수한다는 취지는 아니므로 유치권자가 매수인에게 피담보채권의 변제를 청구할 수 없으며(대법원 1996. 8. 23. 선고 95다 8713 판결), 유치권자가 인도를 거절함으로써 매수인이 이를 인도받기 위하여 피담보채권을 변제하는 '반사적 효과' 이다.

(2) 유치권주장이 가능한 경우

① 공사대금

수급인이 자기의 재료와 노력으로 건물을 건축한 경우에는 소유권이 수급인에게 원시적으로 귀속되므로 수급인은 도급인에 대하여「유치권」을 행사할 수 없으나(대법원 1993. 3. 26. 선고 91다 4116 판결), 다만 도급인명의로 건축허가를 받아 소유권보존등기를 하기로 하는 등 완성한 건물의 소유권을 도급인에게 귀속시키기로 합의한 것으로 보여지는 경우에는 소유권이 도급인에게 원시적으로 귀속되므로 수급인은 도급인에 대하여「유치권」을 행사할 수 있다(1997. 5. 30. 선고 97다 8601 판결).

② 필요비와 유익비

점유자의 비용상환청구권은 필요비·유익비의 어느 것이나 '물건에 관하여 생긴 채권' 으로「유치권」에 의한 보호를 받을 수 있다. 다만, 유익비는 법원으로부터 유예기간을 허여받은 때에는「유치권」이 성립하지 아니한다.

「필요비(必要費)」는 보존에 필요한 보존비·수선비·공과금이고,「유익비(有益費)」는 개량하기 위하여 지출한 비용으로 회복자가 선택한 그 지출금액이나 증가액이다(민법 203, 310, 626).

점포의 임차인이 자신의 영업을 위하여 지출한 비용, 예컨대 간판·인테리어·특수장치·내부구조변경·조명·난방·기타 설비 등은 유익비에 해당하지 아니한다.

비용상환청구권에 관한 규정은 임의규정(任意規定)이고(626, 652), '원상회복의 약정'은 비용상환청구권을 포기하는 특약이라고 해석한다(대법원 1975. 4. 22. 선고 73다 2010 판결).

(3) 유치권주장이 불가능한 경우

① 보증금반환청구권

임차인의 임차보증금반환청구권이나 임대인이 건물시설을 아니하기 때문에 임차인에게 건물을 목적대로 사용하지 못한 것을 이유로 하는 손해배상청구권은 모두 '그 물건에 관하여 생긴 채권'이 아니나(대법원 1976. 5. 11. 선고 75다 1305 판결), 동시이행관계는 인정된다(대법원 1977. 9. 28. 선고 77다 1241, 1242 전원합의체판결).

② 권리금반환청구권

임대인과 임차인 사이에 건물명도시 권리금을 반환하기로 하는 약정이 있었다 하더라도, 그와 같은 권리금반환청구권은 '건물에 관하여 생긴 채권'이라 할 수 없다(대법원 1994. 10. 14. 선고 94다 28598 판결).

5 제시 외 건물

(1) 제시 외 건물의 포함 여부

건물 중 공부상 표시되지 않는 건물을 실무상 「제시 외 건물(提示外 建物)」이라고 한다.

제시 외 건물이 매각건물의 부합물(附合物)이나 종물(從物)로써 매각물건과 '독립성(獨立性)이 없으면' 매각물건에 「포함(包含)」되어 매수인인 매수하나(민법 100, 156), 제시 외 건물이 매각물건과 '독립성이 있으면' 매각건물에서 「제외(除外)」되어 매수인이 매수하지 못한다.

제시 외 건물이 매각물건에 포함되는 경우에는 공부상 부동산의 표시와 사실상 부동산의 표시를 병기한다.

(2) 제시 외 건물의 독립성의 판단기준

제시 외 건물이 매각건물과 독립성이 있느냐 여부는 ① 집행법원이 집행관의 현황조사보고서와 감정인의 평가서 등을 조사 · 결정하여 매각기일의 공고와 매각물건명세서에 기재하나, ② 이는 실체상의 문제이므로 매수인의 명도소송 등 본안재판에서 매각건물에 포함된 제시 외 건물의 독립성을 인정할 수 있고(대법원 1988. 2. 23. 선고 89다카 600 판결), 매각건물에 제외된 제시 외 건물의 독립성을 부인할 수 있다(대법원 1992. 12. 8. 선고 92다 21742, 26789 판결).

제 7 장

주택임대차

적용범위

1

(1) 주택의 전부 또는 일부의 임대차에 관하여 적용한다(2 전단)

건물 중 ① 주거용 건물인 주택의 임대차는「주택임대차보호법」이, ② 상가건물의 임대차는「상가건물임대차보호법」이, ③ 그 외 건물의 임대차는「민법」이 각각 적용된다.

주거용이 아닌 건물을 임차하여 임차인이 주거용으로 개조한 경우에는 주택임대차보호법이 적용되지 않는다(대법원 1986. 1. 21. 선고 85다카 1367 판결).

(2) 주택의 일부가 주거 외의 목적으로 사용되는 경우에도 적용한다(2 후단)

주거용과 비주거용의 겸용건물(兼用建物)은 ① 주거용이 주된 용도이면 일부가 비주거용으로 사용되는 경우에도 적용되나, ② 비주거용이 주된 용도이면 일부가 주거용으로 사용되는 경우에도 적용되지 않는다(대법원 1996. 3. 12. 선고 95다 51953 판결).

(3) 일시사용을 위한 임대차임이 명백한 경우에는 적용하지 않는다(11)

수험생이 시험 때까지 수개월 임차하는 경우, 피서하기 위하여 임차하는 경우, 신축건물이 완공할 때까지 임차하는 경우 등이다.

(4) 미등기전세의 경우에도 준용한다(12)

전세계약도 등기하지 아니하면(未登記傳貰) 「전세권」이 아니고 「임대차」이므로, 이른바 「채권적 전세(債權的 傳貰)」도 주택임대차보호법을 준용한다.

이 경우의 '전세금'은 '임대차의 보증금'으로 본다.

대항요건 2

(1) 주택의 인도

임대차계약을 체결하고 임차인이 임차목적물인 주택을 인도(引渡)받아야 한다. 인도는 사실상 지배, 즉 점유(占有)를 이전 받은 것으로 이사 들어 가는 것을 말한다.

(2) 주민등록의 이행

동·읍·면사무소에 주민등록을 마치는 것인데, 전입신고(轉入申告)를 한 때에 주민등록을 마친 것으로 본다(3 ① 후단).

다가구주택(多家口住宅)은 「단독주택」이므로 주민등록에 '건물의 소재와 지번' 까지 표시하면 되나, 다세대주택(多世帶住宅)(4층 이하, 660m²이하)·연립주택(4층 이하, 660m² 초과), 아파트(5층 이상)는 「공동주택」이므로 '건물의 소재, 지번' 뿐만 아니라 '공동주택의 명칭과 동·호수' 까지 기재하여야 한다(주민등록법시행령 9 ③).

세대주가 주민등록을 일시 다른 곳으로 옮겼더라도 가족의 주민등록에 계속 그대로 있으면 주민등록은 대항요건을 계속 갖춘 것으로 본다(대법원 1988. 6. 14. 선고 87다카 3093 판결).

3 임차인의 3대 권리

(1) 대항력

임차인이 임차권설정등기를 경료하지 않더라도 '주택의 인도'와 '주민등록'을 마치면, 그 다음 날부터 제3자에 대하여 효력이 생긴다(3①).

대항력(對抗力)은 주택인도와 주민등록이라는 대항요건을 '모두 갖춘 다음 날부터' 생기는 것이고, 우선변제권과 구별되므로 배당요구할 수 없으나 매수인(경락인)에게 대항할 수 있다.

임차주택의 양수인(기타 임대할 권리를 승계한 자를 포함한다)은 임대인의 지위를 승계한 것으로 본다(3②).

미등기주택에 대하여 사실상 소유자로서의 권리를 행사하고 있는 자도 이에 해당한다(대법원 1987. 3. 24. 선고 86다카164 판결).

(2) 확정일자부 보증금의 우선변제권

임차인이 '대항요건(주택인도와 주민등록)'과 임대차계약서상에 '확정일자(確定日字)'를 갖추면 임차주택(대지를 포함한다)의 환가대금에서 후순위권리자보다 우선하여 보증금을 변제 받을 권리가 있다(3의 2②). 확정일자는 일자(日字)에 관한 완전한 증거력을 주는 것으로 법률상 인정되는 일자로 등기소, 동·읍·면사무소, 공증인사무소 등에서 받을 수 있다.

확정일자부 보증금채권은 저당권이나 전세권과 같은 우선변제권(優先

辨濟權)이 있고, 그 상호간의 우열(優劣)은 '설정일자'와 '확정일자'의 선후(先後)에 의한다.

확정일자는 주택인도 다음 날, 주민등록 다음 날, 확정일자일의 세 가지 중 가장 늦은 날이다.

임차인은 임차주택을 양수인에게 인도하지 아니하면 보증금을 수령할 수 없다(3의2 ③).

(3) 소액보증금의 우선특권

임차인이 '경매개시결정등기 전'에 '대항요건'을 갖추면, 보증금 중 일정액은 주택가액(대지의 가액을 포함한다)의 '2분의 1'(상가는 '3분의 1')의 범위 안에서 다른 담보물권자보다 우선하여 변제 받을 권리가 있다(8).

소액보증금의 우선특권(優先特權)은 확정일자는 그 요건이 아니며, 배당요구하지 않으면 배당 받지 못한다(민사집행법 148 ⅱ).

우선특권 또는 최우선변제권이 인정되는 보증금 중 일정액, 즉「소액보증금(少額保證金)」의 범위는 다음과 같다(영 3 ①, 4).

① 수도권 중 과밀억제권역 : 4,000만원 이하이면 1,600만원까지

② 광역시(군지역, 인천 제외) : 3,500만원 이하이면 1,400만원까지

③ 기타 지역 : 3,000만원 이하이면 1,200만원까지

위 소액보증금의 범위는 2001. 9. 15.부터 시행되었다. 따라서 그 이전에 저당이 있으면 종전의 규정에 의한다(영 부칙 ①, ②).

4 임차권등기명령

(1) 주택임차권등기명령의 신청

① 주택임대차가 종료된 후 보증금을 반환받지 못한 임차인은 임차주택의 소재지를 관할하는 지방법원·지방법원지원, 시·군 법원에 「임차권등기명령(賃借權登記命令)」을 신청할 수 있다(3의3 ①).

임차권등기명령은 주택임대차보호법의 개정으로 1999. 3. 1. 신설되었고, 그 시행에 관한 대법원규칙으로 「임차권등기명령절차에관한규칙」이 제정되었다(3의3 ⑦).

② 신청서에는 신청취지(申請趣旨)에 임대차계약일자·임차보증금액(보증금액과 차임)·주민등록일자·점유개시일자·확정일자 등을 기재하고, 신청이유(申請理由)에 임대차계약의 체결사실 및 계약내용과 그 계약이 종료한 원인사실을 기재하고, 임차인이 신청 당시 대항력과 우선변제권을 취득한 경우에는 그 사실을 기재한다(3의3 ②, 규 2).

③ 신청서의 첨부서류로서 등기부등본, 임대차계약서, 점유사실확인서와 주민등록등본, 주거용사용증명서(등기부상 용도가 주거시설이 아닌 경우) 등을 첨부한다(규 3).

(2) 주택임차권등기의 촉탁

① 임차권등기명령은 판결(判決)에 의한 때에는 '선고를 한 때'에, 결정(決定)에 의한 때에는 상당한 방법으로 '고지한 때'에 그 효력이 발생한다(규 4).

② 법원사무관 등은 임차권등기명령의 효력이 발생하면 지체 없이 촉탁서에 재판서등본을 첨부하여 등기관에게 임차권등기의 기입을 촉탁한다(규 5).

③ 「주택임차권등기」는 임차권등기명령을 원인으로 법원사무관 등의 '등기촉탁'에 의하여 할 수 있으나, 「주택임차권설정등기」는 임차인과 임대인의 주택임차권설정계약에 의한 '등기신청'에 의하여 할 수 있다(3의4, 등기예규 1059).

(3) 주택임차권등기의 효력

① 임차권등기명령의 집행에 의한 주택임차권등기가 경료되면 임차인은 대항력과 우선변제권을 '취득'한다.

② 임차인이 임차권등기 이전에 이미 대항력 또는 우선변제권을 취득한 경우에는 그 대항력 또는 우선변제권은 그대로 '유지'되며, 임차권등기 이후에는 대항요건을 상실하여도 이미 취득한 대항력과 우선변제권은 '상실'하지 아니한다(3의3 ⑤).

임차권등기가 경료된 이후에 임차한 임차인은 소액보증금의 우선특권을 취득할 수 없다(3의3 ⑥).

③ 당사자의 신청에 의한 「주택임차권설정등기」도 임차권등기명령에 의한 「주택임차권등기」와 그 효력이 같다(3의4).

임대차기간의 보장 5

(1) 최단기간

임대차기간의 정함이 없거나 기간을 2년 미만으로 정한 임대차는 그 기간을 '2년'으로 본다. 다만, 임차인은 2년 미만으로 정한 기간이 유효함을 주장할 수 있다(4①).

당사자가 계약서에 3년으로 정한 기간은 물론 유효하며, 1년으로 정한 경우에는 최단기간(最短期間)은 임차인을 보호하는 규정이므로 임대인은 2년 안에 나가라고 할 수 없으나 임차인은 1년이 되면 나갈 수 있다.

(2) 묵시적 갱신

임대인이 임대차기간 만료 전 '6월부터 1월까지'에 임차인에 대하여 갱신거절의 통지 또는 조건을 변경하지 아니하면 갱신하지 아니한다는 뜻의 통지를 하지 아니한 경우에는 그 기간이 만료된 때에 전 임대차와 동일한 조건으로 다시 임대차한 것으로 보고, 이 경우에 임대차의 존속기간은 정함이 없는 것으로 본다.

임차인이 임대차기간 만료 전 '1월까지' 통지하지 아니한 때도 또한 같다(6①②). 따라서 임차인이 기간만료되어 나갈려고 하면 기간만료 1월 전까지 임대인에게 갱신거절통지를 해야 한다.

묵시적 갱신(默示的 更新)의 경우 임차인은 언제든지 임대인에 대하여

계약해지(契約解止)를 통지할 수 있고, 이 경우의 해지는 임대인이 그 통지를 받은 날부터 '3월'이 지나면 그 효력이 발생한다(6의2).

주택은 상가건물처럼 계약갱신요구권이 없으며(상가건물임대차보호법 10), 차임을 두 번 연체하거나 기타 의무를 현저히 위반한 임차인에 대하여는 계약이 묵시적으로 갱신되지 않는다(6 ③).

6 차임증액의 제한

(1) 약정한 차임 또는 보증금은 조세·공과금, 기타 부담의 증감이나 경제 사정의 변동으로 인하여 상당하지 아니한 때에는 당사자는 장래에 대하여 그 증감(增減)을 청구할 수 있다.

다만, 증액청구는 약정한 차임 등의 ‘20분의 1(5%. 상가는 12%)’의 금액을 초과하지 못하고, 계약 또는 증액이 있은 후 ‘1년’ 이내에는 증액청구하지 못한다(7, 영 2).

(2) 보증금의 월 차임전환시의 산정률은 ‘연 1할4푼(연 14%. 상가는 연 15%)’을 초과할 수 없다(7의2, 규 2의2).

7 주택임차권의 승계

(1) 임차인이 상속인 없이 사망하면 '사실혼관계에 있는 자'가 임차인의 권리와 의무를 승계한다(9 ①).

사실혼관계에 있는 자라도 그 주택에서 몇 개월(영국은 6개월) 정도 계속 가정공동생활을 하던 자라야 한다.

(2) 임차인이 상속인이 있어도 그 주택에서 가정공동생활을 하고 있지 않으면 '사실혼관계에 있는 자'와 '2촌 이내의 친족'은 공동으로 임차인의 권리와 의무를 승계한다(9 ②).

사실혼관계에 있는 자는 그 주택에서 가정공동생활을 하던 자라야 한다.

(3) 위 (1) 및 (2)의 경우에 임차인이 사망한 후 '1월 이내'에 임대인에 대하여 반대의사(反對意思)를 표시한 때에는 임차인의 권리와 의무를 승계하지 아니한다(9 ③).

(4) 위 (1) 및 (2)의 경우에 임대차관계에서 생긴 '채권(債權)·채무(債務)'는 임차인의 권리의무를 승계한 자에게 귀속한다(9 ④).

제 8 장

상가건물임대차

보호대상의 범위

1

(1) 임차인의 보증금이 일정금액 이하라야 한다(2, 영 2)

① 서울특별시 : 2억 4,000만원 이하

② 수도권 중 과밀억제권역 : 1억 9,000만원 이하

③ 광역시(군지역, 인천 제외) : 1억 5,000만원 이하

④ 기타 지역 : 1억 4,000만원 이하

다만, 「법상보증금(保證金)」에는 '계약보증금'과 월세에 100을 곱한 '환산보증금'을 포함한다.

계약보증금 + 환산보증금 = 법상보증금

〈보기〉 보증금 2,000만원, 월세 100만원인 경우의 「법상보증금」은 계약보증금 2,000만원과 환산보증금 1억원(100만원×100)을 합산한 '1억 2,000만원'이다.

(2) 임차인이 사업자등록을 신청한 자라야 한다(3 ①)

건물이 사업자등록대상이 된다는 의미는 그 건물이 '사업장의 소재지'로 하여 사업자등록(事業者登錄)을 신청하는 것을 의미하므로 지하상가든, 소규모 점포든, 오피스텔이든, 공장이든 모두 포함되나 영업용 건물이 아닌 종교·자선단체와 동창회·친목회 등 '비영리단체'의 건물임대차에

는 적용되지 않는다. 사업자등록은 '임차인' 만 신청하면 되고, '임대인' 까지 신청할 필요는 없다.

(3) 일시사용을 위한 임대차가 아니어야 한다(16)

건축의 완공시까지 대체건물에 대한 임시임대차, 철거시까지의 잠정임대차 등 일시사용(一時使用)을 위한 임대차가 명백한 경우에는 적용되지 않는다.

(4) 미등기전세의 경우에도 준용한다(17)

전세계약을 하여도 전세권설정등기를 하지 아니하면 「전세권」이 아니고 「임대차」이므로 이른바 「채권적 전세」도 상가건물임대차보호법을 준용한다.

이 경우의 '전세금' 은 '임대차의 보증금' 도 본다.

임차인의 3대 권리 **2**

(1) 대항력

임차권설정등기가 없는 경우에도 '건물의 인도'와 '사업자등록의 신청'이란 두 요건을 모두 갖춘 다음 날부터 제3자에 대하여 효력이 생긴다(3①).

대항력은 우선변제권과 구별되므로 배당요구할 수 없으나 매수인(경락인)에게 대항할 수 있다.

임차건물의 양수인(그 밖에 임대할 권리를 승계한 자를 포함한다)은 임대인의 지위를 승계한 것으로 본다(3②).

대항요건을 갖춘 임차인은 ① 소유권이전등기를 경료받은 '통상의 양수인'에게는 대항할 수 있으나, ② '경매로 인한 매수인'에 대항하려면 대항요건을 최선순위 저당보다 먼저 갖추어야 한다(대법원 1987. 3. 10. 선고 86다카1718 판결).

(2) 확정일자부 보증금의 우선변제권

임차인이 '대항요건(건물인도와 사업자등록신청)'을 갖추고 관할 세무서장으로 임대차계약서상의 '확정일자'를 받으면, 임차건물(임대인 소유의 대지를 포함한다)의 환가대금에서 후순위권리자보다 우선하여 보증금을 변제받을 권리가 있다(5②).

확정일자부 보증금채권은 저당권이나 전세권과 같은 우선변제권이 있고, 그 상호간의 우열은 '설정일자' 와 '확정일자' 의 선후에 의한다.

확정일자는 건물인도 다음 날, 사업자등록신청 다음 날, 확정일자일의 세 가지 중 가장 늦은 날이다.

(3) 소액보증금의 우선특권

임차인이 '경매개시결정등기 전' 에 '대항요건' 을 갖추면 보증금 중 일정액은 임대건물가액(임대인 소유의 대지가액을 포함한다)의 '3분의 1(주택은 '2분의 1')' 의 범위 안에서 다른 담보물권자보다 우선하여 변제받을 권리가 있다(14).

소액보증금의 우선특권은 확정일자는 그 요건이 아니며, 배당요구하지 않으면 배당받지 못한다(민사집행법 148 ⅲ).

우선특권 또는 최우선변제권이 인정되는 보증금 중 일정액, 즉 「소액보증금」의 범위는 다음과 같다(영 6, 7).

① 서울특별시 : 4,500만원 이하이면 1,350만원까지

② 수도권 중 과밀억제권역 : 3,900만원 이하이면 1,170만원까지

③ 광역시(군지역 · 인천 제외) : 3,000만원 이하이면 900만원까지

④ 기타 지역 : 2,500만원 이하이면 750만원까지

임차권등기명령

3

(1) 임차권등기명령의 신청

임대차가 종료된 후 보증금을 반환받지 못한 임차인은 임차건물의 소재지를 관할하는 지방법원·지방법원지원 또는 시·군 법원에 「임차권등기명령」을 신청할 수 있다(6 ①).

임차권등기명령은 임대인의 동의를 얻지 못하는 경우에 신청하는 것이고, 임차인은 임대인과 공동으로 임차권설정등기를 신청할 수 있다(7 ②).

(2) 상가건물임차권등기의 효력

임차권등기명령의 집행에 의한 임차권등기가 경료되면 임차인은 대항력 및 우선변제권을 취득한다. 다만, 임차인이 임차권등기 이전에 이미 대항력 또는 우선변제권을 취득한 경우에는 그 대항력 또는 우선변제권이 그대로 '유지' 되며, 임차권등기 이후에는 대항요건을 상실하더라도 이미 취득한 대항력 또는 우선변제권을 '상실' 하지 아니한다(6 ⑤).

임차권등기명령의 집행에 의한 임차권등기가 경료된 건물(임대차의 목적이 건물의 일부분인 경우에는 해당 부분에 한한다)을 그 이후에 임차한 임차인은 소액보증금의 최우선변제를 받을 권리가 없다(6 ⑥).

임차인과 임대인의 공동신청에 의한 「상가건물임차권설정등기」의 효력은 임차권등기명령에 의한 「상가건물임차권등기」의 효력과 같다(7 ①).

4 임대차기간의 보장

(1) 최장기간과 최단기간

민법상 임대차기간은 최장기간은 20년이고(민법 651), 최단기간은 정한 바 없다.

민법의 특례법인 임대차보호법상 최단기간은, 주택은 '2년' 이나(주택임대차보호법 4 ①), 상가건물은 '1년' 이다(9 ①).

(2) 묵시적 갱신

임대인이 임대차기간만료 전 '6월부터 1월까지' 사이에 임차인에 대하여 갱신거절의 통지 또는 조건의 변경에 대한 통지를 하지 아니한 경우에는 그 기간이 만료된 때에 전 임대차와 동일한 조건으로 다시 임대차한 것으로 보고, 이 경우에 임대차의 존속기간은 정함이 없는 것으로 본다(10 ④).

임차인이 계약갱신을 원하지 않으면 주택은 임대차기간만료 전 '1월까지' 갱신거절의 통지를 해야 하나(주택임대차보호법 6 ① 후단), 상가건물은 명문규정이 없으므로 임대차기간만료 전 6월부터 1월까지 사이에 임차인이 계약갱신요구를 하지 않으면 기간만료로 계약은 종료된다(10 ①).

(3) 계약갱신의 요구

임대인은 임차인이 임대차기간만료 전 '6월부터 1월까지' 사이에 계약갱신요구에 대하여 정당한 사유 없이 이를 거절하지 못하며 임차인의 「계약갱신요구권(契約更新要求權)」은 최초의 임대차기간을 포함한 전체 임대차기간이 '5년'을 초과하지 않는 범위 이내에서만 행사할 수 있다.

임대인이 임차인의 계약갱신요구를 거절할 수 있는 사유는 차임을 3기 이상 연체하는 등 여덟 가지이다(10).

임대차기간 5년의 기산점(起算點)은 상가건물임대차보호법이 시행된 2000. 11. 1. 이후에 계약을 체결한 날 또는 갱신한 날이다(중소기업청 2004. 5. 3. 소기업창업과 – 820 질의회답).

5   차임증액의 제한

차임 또는 보증금이 임차건물에 대한 조세, 공과금, 그 밖의 부담의 증
감이나 경제사정의 변동으로 인하여 상당하지 아니하게 된 때에는 당사자
는 장래에 대하여 그 증감을 청구할 수 있다.

그러나 '1년'에 '12%(주택은 5%)'를 초과하여 증액할 수 없다(11, 규 4).

보증금의 전부 또는 일부를 월 단위의 차임으로 전환(轉換)하는 경우에
는 '연 1할5푼(연 15%. 주택은 연 14%)'을 초과할 수 없다(12, 규 5).

주택임대차와 상가건물임대차

6

주택 및 상가건물임대차보호법 대비표

구 분	주택임대차(1981. 3. 5. 시행)		상가건물임대차(2002. 11. 1. 시행)	
	보호대상	소액보증금 (2001. 9. 15. 시행)	보호대상	소액보증금
서 울	제한 없음	4,000만원 이하 1,600만원까지	2억 4,000만원 이하	4,500만원 이하 1,350만원까지
수 도 권 과밀권역			1억 9,000만원 이하	3,900만원 이하 1,170만원까지
광역시(인천 · 군지역 제외)	제한 없음	3,500만원 이하 1,400만원까지	1억 5,000만원 이하	3,000만원 이하 900만원까지
기타 지역	제한 없음	3,000만원 이하 1,200만원까지	1억 4,000만원 이하	2,500만원 이하 750만원까지
최 우 선 변제범위	대지를 포함한 주택가액의 2분의 1 범위 안		대지를 포함한 건물가액의 3분의 1 범위 안	
임 대 차 기간보장	2년 (최단기간 2년임)		5년 (최단기간은 1년이나 5년간 계약갱신요구권 있음)	
차임증액 제 한	5% (1년 안에는 못 올림)		12% (1년 안에는 못 올림)	
보증금 월차임 전환율	연 14%		연 15%	

동산에 대한 집행

제1장

유체동산에 대한 집행

압 류   1

(1) 압류할 수 있는 경우

민법상의 동산이라도 등기된 선박 · 등록된 자동차 · 건설기계 · 항공기는 유체동산에 해당하지 아니하고, 유체동산의 공유지분은 그 밖의 재산권에 대한 집행에 따르나(251), 부부공유의 유체동산은 부부 중 어느 일방에 대하여 집행하는 경우에도 유체동산집행에 따른다(190).

등기할 수 없는 토지의 정착물로서 독립하여 거래의 객체가 될 수 있는 것, 토지에서 분리하기 전의 과실로서 1월 이내에 수확할 수 있는 것 및 유가증권으로서 배서가 금지되지 아니한 것은 유체동산으로 본다(189 ②).

채무자 또는 채권자가 점유하고 있거나 점유자인 제3자가 압류를 승낙하여 제출한 유체동산은 압류할 수 있다(189 ①, 191).

간접점유는 여기서 말하는 점유에 해당되지 아니하며, 제3자가 제출을 거부하면 유체동산에 관한 청구권을 집행할 수밖에 없다(243).

(2) 압류의 제한

압류는 집행력 있는 정본에 적은 청구금액의 변제와 집행비용의 변상에 필요 한도 안에서 해야 하고(188 ②), 또 압류물을 현금화하여도 집행비용 외에 남을 것이 없는 경우에는 집행하지 못한다(188 ③). 따라서 「초과압류 금지의 원칙」과 「무익한 압류금지의 원칙」에 위반한 압류는 취소한다(규 140).

국가에 대한 강제집행은 국유재산의 어느 것이나 압류하는 것이 아니고 국고금을 압류함으로써 하며(192), 압류가 금지된 물건은 채무자의 소유에 속하는 재산이라도 사회정책적 또는 공익적 견지에서 압류하지 못한다 (195, 공장저당법 18, 신탁법 21, 우편법 7, 국민기초생활보장법 35 등).

압류금지의 범위는 당사자의 신청에 의하여 채권자와 채무자의 생활형편, 그 밖의 사정을 고려하여 재판에 의하여 확장 또는 축소할 수 있다 (196).

(3) 압류절차

유체동산에 대한 강제집행은 채권자가 집행관에게 '서면'으로 집행신청을 함으로써 시작된다(4). 신청서에는 「집행력 있는 정본」을 첨부한다(규 132).

집행관에게 신청하기 위하여 집행관사무실에 제출할 「강제집행신청서」의 양식은 다음과 같다.

○○지방법원

강제집행신청서

○○지방법원 집행관사무소 집행관   귀하

<table>
<tr><td rowspan="3">채권자</td><td>성 명</td><td></td><td>주민등록번호
(사업자등록번호)</td><td></td><td>전화번호</td><td></td></tr>
<tr><td>우편번호</td><td></td></tr>
</table>

채권자	성 명		주민등록번호 (사업자등록번호)		전화번호	
					우편번호	
	주 소	시 구 동(로) 가 번지 호(통 반) 아파트 동 호				
	대리인	성명( ) 주민등록번호( )			전화번호	
채무자	성 명		주민등록번호 (사업자등록번호)		전화번호	
					우편번호	
	주 소	시 구 동(로) 가 번지 호(통 반) 아파트 동 호				

집행목적물 소재지	채무자의 주소지와 같음(※ 다른 경우는 아래에 기재함) 시 구 동(로) 가 번지 호(통 반) 아파트 동 호
집행권원	
집행의 목적물 및 집행방법	동산압류, 동산가압류, 동산가처분, 부동산점유이전금지가처분, 건물명도, 철거, 부동산인도, 자동차인도, 기타( )
청구금액	원(내역은 뒷면과 같음)

위 집행권원에 기한 집행을 해주시기 바랍니다.

※ 첨부서류

1. 집행권원　　 1통
2. 송달증명서　 1통
3. 위임장　　　 1통

20   .   .   .

채권자   (인)

대리인   (인)

특약사항 1. 본인이 수령할 예납금잔액을 본인의 비용부담하에 오른쪽 에 표시한 예금계좌에 입금하여 주실 것을 신청합니다. 채권자 (인)	예금계좌	개설은행	
		예 금 주	
		계좌번호	

2. 집행관이 계산한 수수료, 기타 비용의 예납통지 또는 강제집행 속행의사 유무 확인 촉구를 2회 이상 받고도 채권자가 상당한 기간 이내에 그 예납 또는 속행의 의사표시를 하지 아니한 때에는 본건 강제집행 위임을 취하한 것으로 보고 완결처분해도 이의 없음.

채권자   (인)

주 : 1. 굵은 선으로 표시된 부분은 반드시 기재하여야 합니다(금전채권의 경우 청구금액 포함).
　　 2. 채권자가 개인인 경우에는 주민등록번호를, 법인인 경우에는 사업자등록번호를 기재합니다.

청구금액계산서	
내 용	금 액
합 계	원

집행목적물 소재지 약도

압류는 집행관이 목적물을 점유함으로써 한다(189 ①). 집행관은 채권자의 이익을 해치지 아니하는 범위 안에서 채무자의 이익을 고려하여 압류할 유체동산을 선택한다(규 132). 집행관의 압류물에 대한 성질에 관하여는 「공법상 점유설(公法上 占有說)」과 「사법상 점유설(私法上 占有說)」이 대립되어 있다. 「공법상 점유설」은 집행관의 점유는 공법상의 점유일 뿐이고 채무자가 여전히 사법상의 점유를 가진다는 견해이고, 「사법상 점유설」은 집행관의 점유는 사법상의 점유이고 채무자는 그 점유를 잃는다는 견해이다. 판례는 「공법상 점유설」을 취한다(대법원 1966. 11. 22. 선고 66다 1545, 1546 판결).

채권자의 승낙이 있거나 운반이 곤란한 때에는 채무자에게 보관시킬 수 있고(189 ① 단서), 이 경우에는 집행관은 봉인(封印), 그 밖의 방법으로 압류물임을 명백히 하는 표지(標識)를 한다(대법원 1991. 10. 11. 선고 91다 8951 판결). 채권자 또는 제출을 거부하지 아니하는 제3자가 점유하고 있는 유체동산을 압류하는 경우에는, 집행관은 압류물을 그 채권자 또는 제3자에게 보관시킬 수 있다(191).

집행관은 집행현장에 가서 집행 전에 임의이행을 촉구할 것이며, 집행을 개시하였다고 하여 임의이행을 거절할 수 없다. 집행관은 집행정본과 신분증을 휴대하고 이를 보여 줄 의무가 있다(43 ②, 집행관법 17 ①).
공유일과 야간에는 집행법원의 허가가 있는 때에 한하여 집행행위를 할 수 있다(8 ①).

집행관은 집행하는데 저항을 받거나 채무자나 그 친족·고용인을 만나지 못한 때에는 성년 두 사람이나 시·구·읍·면·동 직원 또는 경찰공무원 중 한 사람을 증인으로 참여하게 한다(6).

(4) 압류의 효력

채무자는 압류물의 처분권을 잃고 국가가 압류물의 처분권을 취득한다. 따라서 국가집행기관인 집행관은 채권자의 만족을 위하여 매각 등 처분을 할 수 있다.

다만, 채무자의 처분은 압류채권자에 대한 관계에서만 무효이다. 이를 「상대적 무효(相對的 無效)」라고 한다.

채권자는 압류금액 또는 매각대금으로부터 채권액에 따라 안분비례(按分比例)로 변제 받는다.

이를 「채권자평등(債權者平等)의 원칙」이라 한다.

압류는 시효중단의 효력이 있다(민법 168 ⅱ).

현금화 2

(1) 압류물의 매각방법

집행관은 압류를 실시한 후 채권자 또는 법원의 특별위임이 없어도 그 고유의 권한으로 이를 매각한다.

매각방법으로 구법은 '경매의 방법'만 인정하였으나(구법 535) 신법은 '입찰 또는 호가경매의 방법'을 모두 인정하고(199) 동산의 일괄매각도 인정한다(197).

(2) 압류물의 매각절차

부동산과는 달리 압류물의 평가를 「집행관」 스스로 하나, '값비싼 물건'이 있는 때에는 적당한 「감정인」에게 이를 평가하게 한다(200).

압류일과 매각일 사이에 원칙적으로 '1주 이상' 기간을 두고 매각일을 지정하고(202), 상당한 기간이 지나도 집행관이 매각하지 아니하는 때에는 압류채권자는 집행관에게 매각하도록 '최고(催告)'할 수 있다(216). 매각장소는 압류한 유체동산이 있는 시·구·읍·면에서 매각하는 것이 원칙이다(203 ①). 따라서 집행관은 압류를 행한 시·구·읍·면 내라면 어떠한 장소를 경매장소로 정하여 경매하여도 무방하나, 우리 나라는 오스트리아처럼 공영의 경매소를 두고 있지 않으므로 실제로는 압류한 '채무자의 주소지나 영업소'에서 행하는 것이 실무이다.

집행관은 매각일자와 장소를 정하여 '공고' 하고(203 ②, 규 145 · 146 · 151 ④), 매각의 일시와 장소를 압류채권자 · 배당요구 채권자 · 채무자 · 압류물 보관자에게 '통지(通知)' 한다(146, 151 ④).

「호가경매」는 집행관이 매각조건을 정하여 매각일에 이를 고지하고(규 147), 압류물에 대하여 경매신청을 최고하는 방법으로 하고, 「입찰」은 입찰기일에 입찰시킨 후 개찰하는 방법으로 한다(규 151 ①).

집행관은 최고가매수신고인의 성명과 가격을 말한 뒤 매각을 '허가' 하고(205 ①, 규 147 ② · 151 ②), 매각물은 대금과 맞바꾸어 최고가매수신고인에게 이를 '인도(引渡)' 한다(205 ②).

매수인이 매각조건에 정한 대금지급기일에 대금지급기일을 따로 정하지 않은 경우에는 매각기일의 마감에 앞서 대금을 내고 물건의 인도를 청구하지 아니하면 「재매각(再賣却)」을 한다(205 ③).

전의 매수인은 재매각절차에 참여하지 못하며, 뒤의 매각대금이 처음의 매각대금보다 적을 때에는 그 부족한 액수를 부담한다(205 ④).

(3) 특수한 압류물의 현금화

압류물이 내국통화인 때에는 현금화가 불필요하므로 집행관은 바로 변제에 충당하고(201 ①), 외국통화인 때에는 외국환거래법의 규정에 따라 내국통화로 환산한다.

금이나 은은 시장가격 이상의 금액으로 매각하며, 시장가격 이상의 금액으로 매수하려는 자가 없으면 시장가격에 따라 적당한 방법으로 매각할 수 있다(209).

유가증권은 시장가격이 있는 것은 매각하는 날의 시장가격에 따라 적당한 방법으로 매각하고, 시장가격이 형성되지 아니한 것은 일반 현금화규정에 따라 매각한다(210).

권리의 이전이나 대항요건의 취득에 배서나 명의개서가 필요한 기명식 유가증권에 관하여 집행관은 매수인을 위하여 채무자에 갈음하여 배서 또는 명의개서에 필요한 행위를 할 수 있다(211).

일정한 기간 안에 인수 또는 지급을 위한 제시 또는 지급의 청구를 필요로 하는 어음 등은 집행관이 채무자를 갈음하여 '필요한 행위'를 하고, 미완성 어음 등은 채무자에게 기한을 정하여 어음 등에 적을 사항을 보충하도록 '최고' 한다(212).

(4) 배우자의 우선경락권

압류한 부부 공유의 유체동산을 매각하는 경우에 배우자는 매각기일에 출석하여 우선매수할 것을 신고할 수 있다(190, 206).

3 집행의 경합

(1) 중복압류

유체동산을 압류하거나 가압류한 뒤 매각기일에 이르기 전에 같은 채무자에 대하여 다시 다른 강제집행신청이 있으면 집행위임을 받은 집행관은 집행신청서를 먼저 압류한 집행관에게 '교부(交付)'하고, 이때 더 압류할 물건이 있으면 이를 압류한 뒤 「추가압류조서(追加押留調書)」를 작성하여 '교부'한다(215①).

집행신청서를 교부받은 먼저 압류한 집행관은 뒤에 강제집행을 신청한 채권자를 위하여 다시 압류한다는 취지를 덧붙여 그 압류조서에 적는다(215④). 이중압류〔重複押留〕의 효력은 뒤의 집행신청서가 먼저 압류한 집행관에게 교부된 때에 생긴다고 해석할 것이므로, 이중압류 취지의 부기는 단순한 공시를 위한 것이다.

뒤의 집행신청서와 추가압류조서가 먼저 압류한 집행관에게 교부되면 각 압류한 물건은 강제집행을 신청한 모든 채권자를 위하여 압류한 것으로 본다(215③). 유체동산에 관하여 「절차상대효(節次相對效)」를 취한 것이다.

(2) 배당요구

민법, 상법, 그 밖의 법률에 따라 우선변제청구권이 있는 채권자만이 매각대금의 배당을 요구할 수 있다(217). 우선변제청구권이 없으나 집행력 있는 정본을 가진 채권자는 배당요구는 할 수 없어도 집행신청을 하여 이중압류를 함으로써 집행에 참가할 수 있다.

부부의 공유물이 매각된 경우에 집행채무자가 아닌 배우자는 자기 공유지분에 대한 매각대금의 교부를 요구할 수 있다(221 ①).

배당요구(配當要求)는 서면 또는 말로 이유를 밝혀 집행관에게 한다(218).

배당요구는 집행개시 후 집행관이 금전을 압류한 때 또는 매각대금을 영수한 때, 어음·수표, 그 밖에 금전의 지급을 목적으로 한 유가증권에 대하여 그 금전을 지급받은 때, 제198조 제4항에 따라 공탁된 매각대금에 대하여는 동산집행을 계속하여 진행할 수 있게 된 때, 제296조 제5항 단서에 따라 공탁된 매각대금에 대하여는 압류의 신청을 한 때까지 할 수 있다(220).

집행관은 배당에 참가한 채권자와 채무자에게 배당요구의 사유를 통지한다(219).

구법에서 인정하던 채무자의 채권인낙여부통지 및 채권확정의 소는 폐지되었다(구법 554 ②, ③ 삭제).

4 변제절차

(1) 채권자가 1인인 경우

집행관은 압류채권이나 매각대금으로부터 집행비용을 빼고 「채권자」에게 채권액을 교부하고 나머지가 있으면 「채무자」에게 교부한다(201 ①, 규 155 ①). 정지조건 또는 불확정기한부 채권, 가압류채권, 일시정지재판정본이 제출된 경우에는 집행관은 배당액을 '공탁' 하고 그 사유를 법원에 '신고' 하며(규 156 ①), 불출석한 「채권자」 또는 「채무자」에 대한 배당액도 '공탁' 한다(규 156 ②).

(2) 채권자가 수인(數人)인 경우

각 채권자의 채권을 만족시킬 수 있는 경우에는 채권자가 1인인 경우와 같이 처리하나(규 155 ①) 각 채권자의 채권을 만족시킬 수 없는 경우에는 집행관은 매각허가된 날부터 2주 이내의 날을 배당협의기일로 정하여 각 채권자에게 「배당계산서」를 붙여 통지한다. 배당협의가 이루어진 경우에는(구법은 배당협의기일까지 '이의'를 제기하지 아니한 때에는 동의한 것으로 보도록 규정하였으나, 신법은 이 규정이 삭제되었다) 그 협의 결과에 따라 매각대금을 배분인도하고, 배당협의가 이루어지지 아니한 경우에는 집행관은 압류금전, 매각대금을 '공탁' 하고 그 사유를 집행법원에 '신고' 하면(222), 「집행법원」이 배당절차를 밟는다(252).

제 2 장

채권, 그 밖의 재산권에 대한 집행

집행의 대상이 되는 권리

1

(1) 채권, 그 밖의 재산권

집행의 대상이 되는 것은 채권과 그 밖의 재산권인데, 강제집행은 이를 동산의 일종으로 취급한다. 다만, 유가증권으로 화체(化體)되어 있기 때문에 유체동산의 집행에 의하는 재산권(189 ② iii), 부동산 또는 부동산에 준하는 권리를 목적으로 하기 때문에 부동산집행에 의하는 재산권(172, 251 ①) 등은 여기서 말하는 채권, 그 밖의 재산권에 속하지 아니한다.

채권에는 금전채권과 부동산·선박·자동차·건설기계·항공기·유체동산 등 유체물의 인도나 권리이전의 청구권(242, 243, 244)이 있다.

그 밖의 재산권에는 유체동산의 공유지분, 부동산환매권(민법 500), 가입전화사용권, 특허권, 실용신안권, 의장권, 상표권, 저작권 등의 무체재산권, 주권발행 전의 주주권, 합명회사·합자회사·유한회사의 사원지분, 조합의 조합원지분 등이 있다.

(2) 피압류적격(被押留適格)

압류할 수 있는 적격은 그 자체 처분할 수 있는 '독립한 재산'이라야 한다. 따라서 미발생의 이자채권, 보증채권 등과 같이 다른 권리와 함께가 아니면 처분할 수 없는 권리는 집행의 대상이 될 수 없다.

공무원의 급여청구권 등 '현금화가 가능한 재산'이라야 하므로 전기, 수도 등 일정한 설비에 의하여 공급받을 권리는 집행의 대상이 될 수 없다.

제3채무자가 한국의 재판권에 복종하는 자로서 '국내에 존재하는 재산권'이라야 한다.

양도성이 없는 권리는 현금화할 수 없으므로 '양도할 수 있는 재산권'이어야 한다. 당사자가 양도할 수 없는 것으로 특약한 채권은 압류채권자의 선의·악의를 불문하고 압류할 수 있다(대법원 1976. 10. 29. 선고 76다 1623 판결). 공사단체(公私團體)의 규약 등에 정한 양도금지의 경우에도 같다.

또 '법률상 압류가 금지된 권리'가 아니어야 한다.

법령에 규정된 부양료 및 유족부조료, 채무자가 구호사업이나 제3자의 도움으로 계속 받는 수입, 병사의 급료, 급여채권의 2분의 1에 해당하는 금액은 압류하지 못한다(246). 퇴직위로금이나 명예퇴직수당도 퇴직금, 기타 유사한 급여채권에 속한다(대법원 2000. 6. 8.자 2000마 439 결정).

공무원연금법상의 급여를 받을 권리(같은 법 32), 자동차손해배상법상의 피해자의 손해배상청구권(같은 법 32), 사립학교법상 별도 계좌로 관리하는 수업료에 대한 예금채권(같은 법 28 ③) 등은 특별법상 압류금지채권이다.

그러나 압류금지채권의 목적물이 채무자의 예금계좌에 입금된 경우에는 그 예금채권에 대하여 더 이상 압류금지의 효력이 미치지 아니하므로 그 예금은 압류금지채권에 해당하지 아니한다(대법원 1999. 10. 6.자 99마 4857 결정).

금전채권에 대한 집행

2

(1) 채권압류 및 추심

① 서 식

(표지)

채권압류 및 추심명령신청서

채 권 자	김	갑	동	
채 무 자	이	을	순	
제3채무자	박	병	철	

1. 청구금액   돈 29,198,282원

2. 인   지   돈 4,000원
(재민91-1)

3. 송 달 료   돈 16,200원
〔2,700원×3(인)×2(회)＝16,200원〕 (재일87-4)

수입 인지

송달료 납부서

채권압류 및 추심명령신청서

채 권 자 　　김 갑 동 (620707-1093318)
　　　　　　　광주시 동구 대인동 312-7

채 무 자 　　이 을 순 (670115-2093310)
　　　　　　　광주시 동구 지산2동 342-1

제3채무자 　　박 병 철 (640223-1093314)
　　　　　　　광주시 서구 금호동 321

청구채권 및 그 금액
　　별지 목록 기재와 같음

압류할 채권의 종류 및 수액
　　별지 목록 기재와 같음

신청취지 및 이유

　채권자는 채무자에 대하여 집행력 있는 광주지방법원 2004가단 1234 대여금 사건의 가집행선고부 판결정본에 표시된 금전 채권을 가지고 있으나, 채무자가 그 지급을 하지 아니하므로 채무자가 제3채무자에 대하여 가지고 있는 별지 목록 기재의 채권에 대한 압류명령 및 추심명령을 해주시기 바랍니다.

첨 부 서 류

1. 집행력 있는 정본   1통
2. 송달증명   1통

2004. 9. 1.

채권자 김 갑 동

(전화번호 062-222-5739)

광 주 지 방 법 원 귀중

청 구 채 권

돈 25,000,000원(대여금)

돈 4,178,082원

  – (위 돈에 대한 2003. 11. 1.부터 2004. 8. 31.까지의 연2할의 비율에 의한 이

    자 및 지연손해금 : $25{,}000{,}000원 \times \dfrac{20}{100} \times \dfrac{305}{365} = 4{,}178{,}082원$)

돈 20,200원(집행비용의 내역 : 인지대 4,000원, 송달료 16,200원)

합계 돈 29,198,282원

압류할 채권의 종류와 수액

돈 29,198,282원

채무자가 제3채무자에게 2004. 7. 27. 매도한 다음 부동산에 대한
50,000,000원의 매매대금채권 중 위 청구금액

부동산의 표시

광주광역시 서구 금호동 321
대330m²
이상

② 추심명령의 신청

신청서에는 인지 4,000원(압류 2,000원, 추심 2,000원)을 붙이고(재민91-1), 송달료 2회분[2,700원×3(인)×2(회)＝16,200원]을 납부하며(재일87-4), 부본은 필요없고, 채무자의 주소지(보통재판적)를 관할하는 지방법원에 제출한다(224①).

추심명령은 전부명령과 같이 압류채권을 현금화하는 방법이므로 압류채권자의 '서면'에 의한 신청이 있어야 하나(4), 실무상 압류명령의 신청과 동시에 신청하고 있다. 이 경우 종전에는 사건번호를 2개 부여하였으나, 지금은 1개만 부여한다.

③ 추심명령의 성질

추심명령은 압류채권자가 대위(代位)의 절차를 거치지 아니하고 채무자에 갈음하여 제3채무자에 대하여 피압류채권(被押留債權)의 이행을 청구하고 이를 수령하여 원칙으로 자기채권의 변제에 충당할 수 있는 '추심(推尋)의 권능'을 주는 집행법원의 결정이다.

추심명령을 받은 채권자는 채권의 추심에 필요한 채무자의 일체의 권리를 채무자에 갈음하여 자기명의로(채무자를 대리하거나 대위하지 않고) 재판상 또는 재판 외에 행사할 수 있다. 따라서 제3채무자에 대한 이행의 소는 '추심채권자'만이 제기할 수 있고 '채무자'는 이를 제기할 당사자적격을 상실한다(대법원 2000. 4. 11. 선고 99다 23888 판결).

추심명령은 전부명령과는 달리 이중압류(二重押留)된 경우에도 할 수 있고, 또 각각 다른 채권자를 위하여 이중으로 내려도 유효하다.

④ 추심명령의 송달

집행법원은 추심명령을 제3채무자와 채무자에게 송달(送達)하고(229 ④. 227 ②), 채권자에게 적당한 방법으로 고지한다.

추심명령은 제3채무자에게 송달한 때에 효력이 생긴다(229 ④. 227 ③). 신청을 각하 또는 기각할 때에는 그 결정을 신청채권자에게만 고지한다(규 7 ②).

⑤ 추심명령의 효력

추심명령은 집행채권의 범위에서 한정되는 것이 아니고 압류된 채권의 전액에 미친다(252 ①). 이 점에서 전부명령과 다르다.

압류채권의 전액을 추심하여 집행채권의 변제에 충당하고 남으면 채무자에게 지급한다. 다만, 채권자 스스로 압류된 채권의 일부에 한하여 신청하는 것은 무방하다.

압류된 채권이 채권자의 요구액수(집행채권액과 집행비용의 합산액)보다 많은 경우, 집행법원은 채무자의 신청에 따라 압류액수를 그 요구액수로 '제한(制限)' 하고 채무자에게 그 초과한 액수의 처분과 영수를 허가할 수 있다(252 ②). 이 제한부분에 대하여는 다른 채권자는 더 이상 배당요구를 할 수 없다(232 ②).

이 경우의 신청취지를 예시하면 다음과 같다.

신 청 취 지

채권자가 채무자에 대한 채권을 추심할 한도를 그 청구액인 돈 10,000,000원으로 제한한다.

채무자는 제3채무자에 대하여 가지는 채권 중 위 제한을 초과하는 액수에 관하여 그 처분 또는 영수를 할 수 있다.

⑥ 추심권의 포기

채권자는 추심권의 일부 또는 전부를 '포기(抛棄)'할 수 있다(240 ①). 추심권을 포기하여도 집행채권에는 영향이 없으므로 압류에 따른 권리자체를 포기하려면 압류명령의 신청을 취하하면 된다.

압류채권자가 추심명령을 얻은 후 다시 동일한 채권에 관하여 전부명령을 얻으면 추심명령은 당연히 '소멸'되므로 별도로 추심권을 포기할 필요가 없다. 추심권의 포기는 집행법원에 서면으로 신고하고, 신고서등본은 제3채무자에게 송달한다(240 ②).

⑦ 추심의 신고

채권자는 추심한 채권액을 집행법원에 '신고(申告)'하여야 한다(236 ①). 추심신고시가 「배당요구의 종기(終期)」이므로 추심채권자로서는 가능한 빨리 추심신고를 할 필요가 있다. 그것은 다른 채권자들의 배당요구를 차단할 수 있기 때문이다.

이 경우 배당에 참가한 다른 채권자가 없는 경우에는, 추심채권자는 추심한 금액 중에서 자기의 집행채권액에 '충당'하고 나머지는 채무자에게 돌려주나 그 추심신고 전(前)에 다른 압류, 가압류 또는 배당요구가 있는 경우에는 각 채권자 간에 배당협의가 성립되었는지 여부를 묻지 않고 추심한 금전 전액을 바로 '공탁'하고 그 사유를 법원에 신고해야 한다(236 ②). 추심채권자가 추심신고를 하지 않거나 공탁 및 사유신고를 하지 않는 경우에는 다른 채권자가 추심채권자에 대하여 추심금 전액의 공탁을 청구할 수 있다.

추심신고의 서식을 예시하면 다음과 같다.

채권추심신고

사　　　건　　2004타채 1234　채권압류 및 추심

채 권 자　　　　김 갑 동
채 무 자　　　　이 을 순
제3채무자　　　　박 병 철
추심신고 금액　　돈 10,000,000원

채권자가 2004. 8. 27. 제3채무자로부터 위 돈을 추심하였으므로 신고합니다.

2004.　9.　1.

채권자　김 갑 동 (인)

광주지방법원　귀중

(2) 채권압류 및 전부(轉付)

① 서 식

(표지)

채권압류 및 전부명령신청서

<table>
<tr><td>채 권 자</td><td>김 갑 동</td></tr>
<tr><td>채 무 자</td><td>이 을 순</td></tr>
<tr><td>제3채무자</td><td>박 병 철</td></tr>
</table>

1. 청구금액   돈 40,000,000원

2. 인　　지   돈 4,000원
　　　　　　　　(재민91-1)

3. 송 달 료   돈 16,200원
　　〔2,700원×3(인)×2(회)=16,200원〕(재일87-4)

수입 인지

송달료 납부서

채권압류 및 전부명령신청서

채 권 자　　김 갑 동(620707-1093318)
　　　　　　수원시 팔달구 원천동 80

채 무 자　　이 을 순(670115-2093310)
　　　　　　수원시 권선구 교동 83-11

제3채무자　　박 병 철(640223-1093314)
　　　　　　수원시 장안구 연무동 123

청구채권 및 그 금액
　돈 40,000,000원(2004. 5. 31.자 대여금)

압류할 채권의 종류 및 수액
　별지 목록 기재와 같음

신청취지 및 이유

　채권자는 채무자에 대하여 집행력 있는 수원지방법원 2004. 7. 15. 선고 2004가단 1234 대여금 사건의 확정판결정본에 표시된 금전채권을 가지고 있으나, 채무자가 그 지급을 하지 아니하므로 채무자가 제3채무자에 대하여 가지고 있는 별지 목록 기재의 채권에 대한 압류명령 및 전부명령을 해 주시기 바랍니다.

첨 부 서 류

1. 집행력있는 정본　　　　　　　1통

2. 송달증명　　　　　　　　　　1통

2004.　9.　1.

채권자　김 갑 동 (인)

(전화번호 031-211-1234)

수 원 지 방 법 원　귀중

압류할 채권의 종류 및 수액

돈 40,000,000원

채무자가 제3채무자로부터 매월 지급받는 급료(본봉 및 제 수당) 및 매년 지급받는 기말수당(상여금) 중 제세공과금을 공제한 잔액의 2분의 1씩 위 청구금액에 이를 때까지의 금액 및 위 청구금액에 달하지 아니한 사이에 퇴직할 때에는 퇴직금 중 제세공과금을 공제한 잔액의 2분의 1씩 청구금액에 이를 때까지의 금액

이 상

② 전부명령의 신청

신청서에는 인지 4,000원(압류 2,000원, 전부 2,000원)을 붙이고(재민91-1), 송달료 2회분[2,700원×3(인)×2(회)=16,200원]을 납부하며(재일87-4), 부본은 필요없고, 채무자의 주소지(보통재판적)를 관할하는 지방법원에 제출한다(224①).

전부명령은 추심명령과 같이 압류채권자의 '서면'에 의한 신청이 있어야 하나(4), 실무상 압류명령의 신청과 동시에 신청하고 있다. 이 경우 종전에는 사건번호를 2개 부여하였으나, 지금은 1개만 부여한다.

③ 전부명령의 성질

전부명령은 압류된 금전채권을 집행채권의 변제에 갈음하여 권면액(券面額)으로 압류채권자에게 이전시키는 집행법원의 결정이다.

권면액은 채권의 목적으로 표시되어 있는 금전의 일정액이다.

전부명령은 다른 채권자를 배제하고 우선변제를 받을 수 있으므로 「채권자평등주의」에 대한 예외(例外)라고 할 수 있으나, 제3채무자에게 변제자력이 없는 경우의 불이익은 전부채권자가 감수하여야 한다.

압류 등이 경합(競合)된 상태에서 송달된 전부명령은 무효이고 뒤에 경합상태가 해소되어도 전부명령의 효력은 되살아나지 않는다(대법원 2001. 10. 12. 선고 2000다 19373 판결). 다만, '전부명령'이 무효(無效)라 해도 '압류명령'은 유효한 것이므로 이에 터 잡아 추심명령을 신청하거나 경합상태가 해소된 후 다시 전부명령을 신청할 수 있다(대법원 1976. 9. 28. 선고 76다 1145, 1146 판결).

④ 전부명령의 송달

전부명령은 제3채무자와 채무자에게 송달(送達)하고(229 ④, 227 ②), 채권자에게 적당한 방법으로 고지한다.

전부명령은 확정(確定)되어야 효력이 있고(229 ⑦), 즉시항고권자인 채무자에게 송달하지 아니하면 확정될 수 없으므로 채무자에 대한 송달도 전부명령의 효력발생요건으로 보아야 한다. 전부명령은 1주의 즉시항고기간이 지난 때, 즉시항고가 기각 또는 각하결정이 확정된 때에 효력이 발생하지만 발생한 효력은 전부명령이 제3채무자에게 송달된 때로 소급(遡及)한다(231). 따라서 전부명령이 제3채무자에게 송달될 때까지 압류 등이 경합하면 전부명령은 무효이지만, 압류 등의 경합이 전부명령의 송달뒤에 발생하였다면 비록 전부명령이 확정되기 전이었다 하더라도 이는 전부명령의 효력에 영향을 미치지 않는다(229 ⑤, 대법원 2000. 10. 6. 선고 2000다31526 판결).

⑤ 전부명령의 효력

전부명령이 발효되면 피전부채권(被轉付債權)은 채무자로부터 채권자에게 「이전(移轉)」되고 지명채권의 양도와 같은 효과가 발생하나, 임의양도가 아니므로 '채권양도의 대항요건'에 관한 민법의 규정(민법 450)은 적용되지 않는다.

이전된 채권에 종(從)된 권리, 즉 이자채권·보증채권·저당권 등도 압류채권자에게 이전된다.

이전된 채권이 전부명령 발효당시 불성립 또는 부존재하면 변제의 효과가 발생하지 아니하나(231단서) 청구채권의 부존재, 소멸은 전부명령의 효력에 영향이 없다(대법원 1997. 10. 24. 선고 97다 20410 판결).

⑥ 제3채무자에 대한 효력

제3채무자는 채무자에 대하여 가지고 있던 법률상의 지위를 그대로 채권자에 대하여 가진다. 따라서 제3채무자는 채권자에 대해서만 채무이행의 의무가 있고, 전부명령의 송달 전에 채무자에 대하여 주장할 수 있었던 모든 '항변사유(抗辯事由)'로써 채권자에게 대항(對抗)할 수 있으며(대법원 1984. 8. 14. 선고 84다카 545 판결), 압류의 효력발생 당시에 제3채무자의 자동채권과 채무자의 수동채권이 상계적상(相計適狀)에 있거나 자동채권이 압류 당시 변제기에 달하지 아니한 경우에는 피압류채권이 수동채권의 변제기와 동시에 또는 그 보다 먼저 변제기에 도달하는 경우라면 전부명령 송달 이후에도「상계(相計)」할 수 있다(대법원 1987. 7. 7. 선고 86다카 2762 판결).

제3채무자가 무효의 전부명령에 따라 선의이며 무과실로 채권자에게 변제하면 채권의 '준점유자(準占有者)에 대한 변제'로서 유효하다(대법원 2000. 10. 27. 선고 2000다 23006 판결).

⑦ 집행의 종료

채권집행절차는 전부명령이 확정되어 효력이 발생하면 목적을 달성하고 종료한다. 그 뒤에는 집행의 정지, 취소나 신청의 취하, 배당요구, 청구이의, 제3자이의 등을 할 여지가 없다.

(3) 제3채무자의 진술의무

① 서 식

(표지)

2004타채 1234

제3채무자에 대한 진술최고신청서

수입
인지

채 권 자　　김　갑　동

채 무 자　　이　을　순

제3채무자　　박　병　철

제3채무자에 대한 진술최고신청서

사　　건　　2004타채 1234 채권압류

채 권 자　　김 갑 동(620707-1093318)
　　　　　　대전시 유성구 어은동 99
　　　　　　한빛아파트 129동 1303호

채 무 자　　이 을 순(670115-2093310)
　　　　　　대전시 중구 선화동 348-3

제3채무자　　박 병 철(640223-1093314)
　　　　　　대전시 중구 선화동 188

위 사건에 관하여, 제3채무자에 대하여 민사집행법 제237조에 정한 진술을
명하여 주시기 바랍니다.

2004.　9.　1.

채권자　김 갑 동
(전화번호 042-256-5685)

대 전 지 방 법 원　귀 중

② 진술최고의 신청

신청서에는 인지 500원을 붙이고(재민91-1), 송달료 2회분〔2,700원×3(인) ×2(회)=16,200원〕을 납부하며, 부본은 필요없고, 집행법원에 제출한다(237 ①).

③ 진술 내용

압류채권자는 압류명령신청과 동시에 또는 압류명령의 발송 전에 제3채무자로 하여금 압류명령을 송달받은 1주 이내에 서면으로 '채권을 인정하는지 여부와 그 한도', '채권에 대하여 지급할 의사가 있는지의 여부와 그 한도', '채권에 대하여 다른 사람으로부터 청구가 있는지의 여부 및 그 종류', '다른 채권자에게 채권을 압류당한 사실이 있는지의 여부와 그 청구의 종류' 등을 진술하게 할 것을 집행법원에 신청할 수 있다(237 ①). '배당요구 채권자' 는 신청할 수는 없으나 '가압류채권자' 는 신청할 수 있다.

이는 압류채권자로 하여금 채권만족의 목적을 달성할 수 있는지의 여부에 관한 판단자료를 제3채무자로부터 얻게 하려는 것이다.

④ 제3채무자의 진술의무

신청서는 재판사무시스템의 문서건명부에 입력하고, 채권압류명령신청 기록에 가철(加綴) 한다(재민91-1).

법원은 위 신청에 따라 제3채무자에게 진술을 명하는 서면을 송달하고 (237 ②), 진술명령을 받은 제3채무자는 이에 관한 사항을 '진술할 의무(陳述義務)' 가 있다. 제3채무자가 진술명령을 받고도 진술을 게을리한 때에는 집행법원은 직권으로 제3채무자를 불러 '심문' 할 수 있다(237 ③).

유체물의 인도청구권에 대한 집행

3

(1) 유체동산의 인도 또는 권리이전의 청구권에 대한 집행

채무자의 책임재산에 속해야 할 유체동산을 제3자가 채무자에게 인도할 채무를 지고 있거나, 제3자가 그에 대한 권리를 채무자에게 이전할 채무를 지고 있는 경우에 채권자는 그 유체동산으로부터 자기의 금전채권의 만족을 얻기 위하여 채무자의 제3자에 대한 유체동산인도청구권이나 유체동산에 대한 권리이전청구권을 압류하여 그 청구권의 내용을 실현시켜 그 유체동산을 채무자의 책임재산(責任財産)으로 강제집행할 수 있는 상태로 만든 후, 이를 현금화하여 그 매각대금에서 채권의 변제를 받을 수 있다(242, 243).

「압류명령(押留命令)」은 제3채무자에 대하여 채무자에 대한 인도 또는 권리이전을 금지하고, 채무자에 대하여 그 청구권의 추심과 처분을 금지하는 것을 명하는(242, 227) 외에, 제3채무자는 그 유체동산을 채권자의 위임을 받은 집행관에게 인도하도록 명한다(243①).

유체동산인도청구권에 대한 압류신청서의 서식을 예시하면 다음과 같다.

유체동산인도청구권 압류신청서

채 권 자   김 갑 동(381213-1909317)
            양산시 북부동 386-5

채 무 자   박 을 순(421201-2093318)
            양산시 북부동 373

제3채무자   이 병 호(501115-1093314)
            울산시 옥동 635-3

청구금액
  돈 15,000,000원

신 청 취 지

1. 채무자의 제3채무자에 대한 별지 기재의 유체동산인도청구권을 압류한다.

2. 채무자는 위 인도청구권의 처분과 영수를 하여서는 아니 된다.

3. 제3채무자는 위 물건을 채권자가 위임하는 집행관에게 인도하여야 한다.

라는 재판을 바람.

신 청 이 유

  채권자가 위 청구금액을 변제받기 위하여 울산지방법원 2004 가소 1234 대여금청구사건의 집행력 있는 판결정본을 가지고 있는 바, 이를 집행하기 위하여 이 신청을 합니다.

2004.　9.　1.

채권자 김 갑 동
(전화번호 055 - 386 - 9821)

울 산 지 방 법 원 귀 중

압류할 청구권의 표시

  채무자가 제3채무자에 대하여 가지는 2004. 7. 25.자 매매계약에 기초한 아래의 적은 물건의 인도청구권

아　래

1. 텔레비전(엘지 42인치)	1대
2. 에어컨(삼성 AP-N 1570, 15평)	1대
3. 컴퓨터(삼보 CPU-2.8 Ghz)	1대

이상

● 압류신청서에는 2,000원의 인지를 붙이나 인도명령의 신청에 대하여는 별도로 인지를 붙일 필요가 없다.

● 채무자의 보통재판적이 있는 곳의 지방법원에 제출하고, 그 지방법원이 없을 때에는 목적물이 있는 지방법원에 제출한다(224).

인도명령이 있어도 제3채무자가 임의로 목적물을 인도하지 아니한 경우에는, 채권자나 집행관은 제3채무자에 대하여 인도명령만 가지고 인도를 구할 권능이 없으므로 그 권능의 획득을 위하여 채권자는 「추심명령(推尋命令)」을 신청할 수 있다(232, 243, 229). 추심명령에는 채권자가 집행관에게 위임하여 추심할 수 있음을 선언하여야 한다.

채권자로부터 추심명령정본에 터 잡아 위임을 받은 집행관은 제3채무자에 대하여 목적물의 인도를 최고할 수 있고, 제3채무자가 임의로 목적물을 인도하면 이를 수령할 수 있으나, 이행을 거절하면 「추심의 소」를 제기하여 집행권원을 얻은 후 이에 터 잡아 집행관에게 집행위임하여 제257조에 따라 인도청구권을 집행하게 된다(대법원 1961. 12. 28. 선고 4292민상 667, 668 판결).

집행관은 유체동산 수령권한과 현금화권한만 가지고 있고, 그 매각대금의 배당 또는 교부는 집행법원의 권한이다.

(2) 부동산 등의 인도나 권리이전의 청구권에 대한 집행

채무자가 제3자에 대하여 부동산인도청구권을 가지고 있거나 부동산소유권이전등기청구권 등 부동산에 관한 권리이전청구권을 가지고 있는 경우에 채권자는 그 부동산으로부터 자기의 금전채권의 만족을 얻기 위하여 채무자의 제3자에 대한 부동산에 관한 위와 같은 청구권을 압류하여 그 청구권의 내용을 실현시키고 그 부동산을 채무자의 책임재산으로 귀속시킨 후, 이를 현금화하거나 강제관리하여 그 매각대금이나 수익금으로부터 채권의 변제를 받을 수 있다(242, 244).

「압류명령(押留命令)」은 제3채무자에 대하여 채무자에게 인도 또는 권리이전을 금지하고, 채무자에 대하여 그 청구권의 추심과 처분을 금지할 것을 명한다. 압류명령 후 채권자 또는 제3채무자가 신청하면 부동산이 있는 곳의 지방법원은 부동산에 관한 인도청구권 압류의 경우에는 보관인을 정하고 제3채무자에 대하여 그 부동산을 보관인에게 인도할 것을 명하고(244 ①), 부동산에 관한 권리이전청구권 압류의 경우에는 보관인을 정하고 제3채무자에 대하여 그 부동산에 관한 채무자명의의 권리이전등기절차를 보관인(채무자의 대리인이 된다)에게 이행할 것을 명한다(244 ②).

인도명령이 있어도 제3채무자가 임의로 부동산을 인도하지 아니하거나 권리를 이전하지 아니하는 경우에는 채권자는 제229조에 따라 집행법원에 「추심명령(推尋命令)」을 신청할 수 있다. 추심명령은 채무자와 제3채무자에게 송달하여야 하며, 제3채무자에게 송달되어야 효력이 생긴다(242, 227 ②, ③). 추심명령을 임의로 이행하지 않으면 「추심의 소」를 제기한다.

보관인에게 인도되거나 채무자명의로 권리이전등기된 부동산은 부동산집행에 관한 규정에 따라 현금화한다(규 170).

4 그 밖의 재산권에 대한 집행

그 밖의 재산권은 유체동산, 금전채권, 유체물의 인도나 권리이전을 목적으로 하는 채권 이외에 부동산을 목적으로 하지 아니하는 재산권이다.

유체동산의 공유지분권(共有持分權)·가입전화사용권·특허권 등의 무체재산권(無體財産權), 합명회사 등의 사원권(社員權)·조합원의 지분권(持分權)·골프회원권과 같은 설비이용권 등이다.

건설업면허는 강제집행의 대상으로 삼기에 부적법하고(대법원 1994. 12. 15.자 94마 1802, 1803 결정), 임차권은 '임대인의 승낙'이 있는 경우에 한하여 집행대상이 되며(민법 629), 고용계약상 사용자가 노무제공을 받을 권리는 '근로자의 동의'가 있어야 집행대상이 된다.

그 밖의 재산권에 대한 강제집행은 제223조 내지 제250조의 규정을 준용(準用)한다(251 ①).

따라서 그 밖의 재산권에 대한 압류는 금전채권의 압류에 관한 규정(223~227)을 준용하고, 추심명령이나 전부명령 또는 특별한 현금화방법에 따라 현금화한다.

특별한 현금화방법은 채무자를 심문하고(241 ②) 매각명령, 양도명령, 관리명령, 그 밖에 상당한 방법으로 현금화를 명하는 명령이 있다(251 ①, 241).

부 록

民事執行法 및 民事執行規則 制定 前後 對比表

2002. 7. 1. 시행　　　　법률 제6627호(2002. 1. 26.)

대법원규칙 제1762호(2002. 6. 28.)

제1편　총　칙

구　분	제 정 전	제 정 후
민사집행법과 민사집행규칙의 제정	민사집행과 보전처분에 관한 규정을 「민사소송법(民事訴訟法)」 제7편 강제집행에 규정한다. 민사소송법에서 위임한 사항과 소송과 집행의 절차에 관한 대법원규칙인 「민사소송규칙(民事訴訟規則)」에는 민사소송절차뿐만 아니라 민사집행절차도 함께 규정한다(규 제1조).	소송절차와 집행절차는 그 기본이상과 법적 성격이 다르고, 담당기관이 분리되어 있고, 불복방법을 달리하는 등 차이가 있어 민사소송법 중 강제집행부분을 분리하여 단행법으로 「민사집행법(民事執行法)」을 새로 제정하고, (1) 강제집행, (2) 담보권 실행 등을 위한 경매, (3) 보전처분을 규정한다(제1조). 　따라서 민사집행규칙도 민사집행부분을 분리하여 「민사집행규칙(民事執行規則)」을 새로 제정한다(규 제1조).

		민사집행법과 민사집행규칙에 특별한 규정이 있는 경우를 제외하고는 민사소송법과 민사소송규칙을 준용한다(제23조, 규 제18조).
집행규정의 순서	금전채권을 기초로 한 강제집행에서 민사소송법은 (1) 유체동산집행, (2) 채권집행, (3) 부동산집행의 순서로 규정한다(제527조, 제557조, 제599조). 담보권실행을 위한 「임의경매」는 경매법을 폐지하고 민사소송법에 통합하였으므로 가압류·가처분 다음에 맨 끝에 규정한다.	민사집행법은 부동산 집행이 대부분을 차지하고 있는 현실을 감안하여 (1) 부동산집행, (2) 유체동산집행, (3) 채권집행의 순서를 정한다(제78조, 제189조, 제223조). 또 담보권실행을 위한 「임의경매」를 강제경매에 이어서 그 다음에 규정하고, 보전처분은 맨 끝에 규정한다.
집행관에 의한 원조요구 (援助要求)	집행관 이외의 자로서 집행법원의 명에 의하여 강제집행에 관한 직무를 행하는 자가 그 직무를 집행함에 저항을 받은 때에는 집행관에게 원조를 구할 수 있고, 감정인이 집행관의 원조를 구하는 때에는 집행법원의 허가를 얻어야 한다(규 102조, 제149조).	집행관 이외의 자나 감정인이 법원의 허가를 얻어 집행관의 원조를 받는 규정은 (1) 종전에는 대법원규칙인 '민사소송규칙'에 두었으나, (2) 집행관의 원조를 받아 강제력을 행사하는 것은 불가피하게 채무자 등의 재산권이나 주거의 자유를 침해할 수 있으므로 '법률'에 규정한다(제7조).

국군원조요청의 절차	집행관이 강제력을 사용하는데 저항을 받을 때에는 경찰 또는 국군의 원조를 청구할 수 있고, 국군의 원조는 이를 법원에 신청하여야 한다(제496조 제2항).	집행관이 국군의 원조를 요청하려면 원조가 필요한 사유와 원조의 내용 등을 기재한 국군원조요청서를 서면으로 작성하여 법원장 또는 지원장과 법원행정처장을 거쳐 국방부장관에게 보내야 한다(규 제4조).
집행관의 집행조서(執行調書)의 작성	집행관은 집행조서에 '조서를 작성하는 장소와 연월일' 등을 기재하고, '서명날인' 한다(제500조).	집행관은 집행조서에 '집행한 날짜와 장소'를 기재하고, '기명날인 또는 서명' 한다(제10조).
집행참여자의 서명날인	집행조서에는 집행참여자가 서명날인하고 집행관이 서명날인한다(제500조). 집행참여자가 서명날인할 수 없는 때에는 그 이유를 기재하고, 집행참여자 또는 집행관의 서명날인은 '기명날인'으로 갈음할 수 있다(규칙 제103조).	집행조서에는 집행참여자가 서명날인하고 집행관이 기명날인 또는 서명한다(제10조). 집행참여자가 서명날인할 수 없는 때에는 그 이유를 적고, 집행참여자의 서명날인은 '서명무인'으로 갈음할 수 있다(제6조 제2항).
재판을 고지(告知)받을 사람의 범위(範圍)	(1) 다음 각호의 재판은 신청에 의한 것인 때에는 신청인과 상대방에게, 기타의 경우에는 강제집행의 신청인과 상대방에게 고지하고, (2) 다음 각호 이외의 재판이 신청에 의한 것인 때에는 신청인에게 고지한다(규 제103조의2).	고지받을 사람의 범위를 구체적으로 규정하고 일부 수정하여 (1) 다음 각호의 재판은 신청에 기초한 경우에는 신청인과 상대방에게, 그 밖의 경우에는 민사집행의 신청인과 상대방에게 고지하고, (2) 다음 각호 이외의 재판이 신청에 기초한 것인 때

	① 이송의 재판 ② 즉시항고할 수 있는 재판(다만, 기각의 재판을 제외한다) ③ 집행처분의 취소(제511조 제1항) 또는 보증에 의한 선박경매취소(제684조의2 제1항)의 규정에 의한 집행절차취소의 재판 ④ 침해행위방지를 위한 조치(제603조 제3항, 규 제147조의2 제1항, 제2항)의 규정에 의한 재판 ⑤ 집행에 관한 이의신청 또는 압류금지물재판 전의 잠정처분(제504조 제2항, 제533조 제3항)의 규정에 의한 재판	에는 신청인에게 고지한다(규 제7조). ① 이송의 재판(다만, 개시결정이 상대방에게 송달되기 전에는 제외한다) ② 즉시항고를 할 수 있는 재판(다만, 기각하거나 각하하는 재판은 제외한다) ③ 집행처분의 취소(제50조 제1항 전단) 또는 경매절차의 취소(제266조 제2항 전단)의 규정에 의한 집행절차취소의 재판 ④ 집행에 관한 이의신청의 잠정처분(제16조 제2항)과 이의신청(제16조 제1항)에 관한 재판 ⑤ 경매개시결정에 대한 이의신청의 잠정처분(제86조 제2항)의 규정에 따른 재판 ⑥ 압류금지물건재판 전의 잠정처분(제196조 제3항)과 이 재판이 이루어진 경우의 신청(제196조 제1항, 제2항, 제246조 제2 항)의 규정에 따른 기각 또는 각하하는 재판
외 국 송 달 (外國送達) 의 특례	채무자의 소재지가 분명하지 아니하거나 외국에 있는 때에는 집행행위에 속한 송달이나 통지를 요하지 아니한다(제502조).	채무자가 외국에 있거나 있는 곳이 분명하지 아니한 때에는 종전과 같이 채무자에 대한 경매개시결정의 송달 이외는 집행행위에 속한 송달이나 통지를

	그러나 채무자에 대한 경매개시결정의 송달은 경매절차진행의 유효요건(有效要件)이므로 반드시 송달하여야 한다(제603조 제4항, 대법원 1991. 12. 16.자 91마 239 결정).	하지 아니하여도 된다(제12조, 제83조 제4항). 집행절차에서 외국으로 송달할 경우에는 첫 송달만 민사소송법과 국제민사사법공조법이 정하는 바에 따라 통상의 방법에 의하여 실시하되, 종전과는 달리 '국내 송달장소와 영수인'을 정하여 상당한 기간 이내에 신고하도록 명할 수 있고, 위 신고가 없는 경우에는 그 이후의 송달이나 통지를 하지 아니할 수 있다(제13조, 규 제10조).
주소변경신고 의무	집행에 관하여 법원에 신청이나 신고를 한 자 또는 법원으로부터 서류를 송달받은 자가 송달장소를 변경한 때에는 즉시 그 취지를 법원에 신고하여야 하고, 신고하지 않는 자에 대하여는 종전의 장소에 등기우편으로 발송할 수 있다(규칙 제95조).	집행절차에서의 송달장소변경의 신고의무와 신고불이행시의 발송송달에 관한 규정은 (1) 종전에는 대법원규칙인 '민사소송규칙'에 규정하였으나, (2) '법률'에서 직접 규정한다(제14조).
민사집행에 대한 불복방법(不服方法)	강제집행절차에 관한 집행법원의 재판 중 '즉시항고할 수 있다는 특별한 규정이 있는 경우'는 「즉시항고(卽時抗告)」할 수 있고, 그 외의 집행법원의 재판이나 집행관의 집행처분에	집행기관의 집행처분에 대하여는 「집행이의」할 수 있고, 집행법원의 집행에 관한 재판 중 '특별한 규정이 있는 경우'에만 「즉시항고」할 수 있음은 종전과 같다.

	대하여는 「집행이의(執行異議)」할 수 있다. 집행이의에 대한 집행법원의 재판에 대하여는 「즉시항고」할 수 있다(제504조, 제504조의2, 제517조). 경매개시결정에 대한 이의의 재판에 대하여 「즉시항고」를 할 수 있다(제603조).	집행이의의 재판에 대하여는 종전과는 달리 「즉시항고」할 수 없다. 다만, 집행절차를 취소한 집행관의 처분에 대한 이의신청을 기각·각하하는 결정에 대하여는 이해관계가 중대한 만큼 「즉시항고」할 수 있다(제15조, 제16조, 제17조). 경매개시결정에 대한 이의의 재판에 대하여 「즉시항고」를 허용하는 규정도 그대로 유지한다(제86조).
항고이유서 제출 강제주의	항고심은 「속심(續審)」으로, 항고인은 원심재판에 대한 불복의 취지를 기재한 항고장 외에 따로 항고이유서를 제출할 의무가 없고, 항고법원의 조사 범위는 항고이유에 한하지 않고 무한정하다(제517조).	항고심은 「사후심(事後審)」으로, 항고장에 항고이유를 적지 아니한 때에는 항고인은 항고장을 제출한 때로부터 10일 이내에 항고이유서를 원심법원에 제출하여야 하고, 항고법원은 원칙적으로 항고이유에 한하여 심리한다. 항고이유는 원심재판의 취소 또는 변경을 구하는 사유를 구체적으로 적되, '법령위반인 때'에는 그 법령의 조항 또는 내용과 법령에 위반되는 사유를, '사실의 오인인 때'에는 오인에 관계되는 사실을 구체적으로 밝혀야 한다(규 제13조).

		항고인이 소정기간 내에 항고이유서를 제출하지 아니하거나 위 대법원규칙이 정한 바에 위반한 때에는 원심법원은 결정으로 즉시 항고를 '각하' 한다(제15조).
즉시항고기록의 송부(送付)	강제집행절차에 있어서의 즉시항고는 집행정지의 효력이 없으나, 즉시항고가 제기되면 집행사건의 기록도 항고법원에 송부하므로(제416조 제2항), 기록이 반송되어 오는 사이에는 강제집행절차가 사실상 중단된다. 다만, 보증제공 없음을 이유로 한 항고장각하결정에 대하여 불복신청이 있는 경우에 '기록 일부의 등본' 만 송부하고, 집행법원은 기록원본에 의하여 경매절차를 그대로 진행한다(송민95-2 송무예규).	민사집행절차에서 즉시 항고가 제기된 경우에 집행법원이 상당하다고 인정하는 때에는 남항고에 의한 절차지연을 방지하기 위하여 집행사건의 기록을 보내지 않고 '항고사건의 기록' 만 보내거나 집행사건의 '기록 일부의 등본' 을 항고사건의 기록에 붙여 보낼 수 있다. 다만, 항고법원은 필요하다고 인정하는 때에는 집행사건의 기록 또는 필요한 등본의 송부를 요구할 수 있다(규 제14조).
시 · 군법원의 관할조정	시 · 군법원이 관할하는 집행사건은 다음과 같다. ① 소액사건을 본안으로 하는 보전처분사건과 소액사건이 아니라도 시 · 군법원에 계속된 사건을 본안으로 하는 보전처분사건	시 · 군법원이 관할하는 집행사건은 ① 소액사건을 본안으로 하는 보전처분사건, ② 소액사건범위 내의 판결 · 화해 · 조정 · 지급명령에 기초한 집행문부여의 소, 청구에 관한 이의의 소, 집행문부여에 대한 이의의 소에 한정되고, 다음 사건은 모

	② 소액사건여부를 불문하고 시·군법원의 판결·화해·조정·지급명령에 기초한 집행문부여의 소, 청구에 관한 이의의 소, 집행문부여에 대한 이의의 소 ③ 시·군법원에 한 보전처분의 집행에 대한 제3자 이의의 소 ④ 시·군법원에서 성립된 화해·조정에 기초한 대체집행 또는 간접강제 ⑤ 재산명시사건	두 시·군법원이 관할하지 않고, 시·군법원이 있는 곳을 관할하는 지방법원 또는 지원에 관할한다(제22조). ① 소액사건의 범위를 넘는 판결·화해·조정·지급명령을 기초한 집행문부여의 소, 청구에 관한 이의의 소, 집행문부여에 대한 이의의 소 ② 제3자 이의의 소 ③ 대체집행 또는 간접강제사건 ④ 소액사건이 아닌 사건을 본안으로 하는 보전처분사건 ⑤ 재산명시사건(재산명시, 채무불이행자명부등재, 재산조회) ⑥ 채권가압류에서 이전하는 채권압류사건

제2편 강제집행

(강제집행총칙)

강제집행총칙의 신설	민사집행 전반에 관한 총칙부분과 강제집행에 대한 총칙부분을 구분하지 아니하고, 이를 「제7편 강제집행 제1장 총칙」으로 한다. 담보권실행 등을 위한 절차가 제7편 제5장에 위치하여 형식상 강제집행의 일부로 통합하여 규정한다.	민사집행 전반에 관한 총칙부분과 강제집행에 대한 총칙부분을 구분하여 전자는 「제1편 총칙」으로 하고, 후자는 강제집행총칙을 신설하여 「제2편 강제집행 제1장 총칙」으로 한다.
청인날인의 생략	집행정본에는 법원사무관 등이 기명날인하고 법원의 인, 즉 「청인(廳印)」도 압날한다(제479조 제2항). 소송기록의 정본, 등본 또는 초본에도 법원사무관 등이 기명날인하는 외 「청인」도 찍는다(개정 전 민사소송법 제151조 제2항).	집행정본에는 법원사무관 등이 기명날인하면 되고, 법원의 인, 즉 「청인(廳印)」은 압날할 필요가 없다(제29조). 소송기록의 정본, 등본 또는 초본에도 법원사무관 등의 기명날인만 하면 되고, 그 외 「청인」은 찍을 필요가 없다(민사소송법 제162조 제3항).
승계인(承繼人)의 주소·주민등록번호 등 기재	집행문을 판결에 표시된 채권자의 승계인을 위하여 부여하거나, 판결에 표시된 채무자의 승계인에 대한 집행을 위하여 부여할 수 있다(제481조).	승계집행문부여신청서에는 승계인의 주소 또는 주민등록번호(주민등록번호가 없는 사람은 여권번호 또는 등록번호, 법인 또는 법인이 아닌 사단이나 재단은 사업자

	승계집행문에는 '승계인의 이름'만 적고 그 주소 또는 주민등록번호를 적지 않는다.	등록번호·납세번호 또는 고유번호)를 소명하는 자료를 제출할 수 있고(규 제19조 제3항), 소명자료가 제출된 때에는 집행문에 '승계인의 주소 또는 주민등록번호 등'을 적어야 한다(규 제20조 제2항).
집행권원 원본에 적을 사항	집행문을 부여하는 때에는 채무명의의 원본 또는 정본에 부여취지와 연월일 등을 기재한다(규 제100조). 다만, 실무상 부여한 법원명을 기재하고, 법원사무관 등이 '기명날인' 하고 있다.	집행문을 내어 주는 때에는 집행권원의 원본 또는 정본에 내어 준다는 취지와 그 날짜 등을 적고, 종전의 실무방식을 명문화하여 법원사무관 등이 '기명날인' 한다(규 제21조).
지급명령의 집행	확정된 지급명령의 집행문은 지급명령을 발한 지방법원의 법원사무관 등이 부여한다(제521조). 재판의 집행에 조건(條件)을 붙인 경우, 승계집행문 및 수통 또는 재도부여하는 경우에는 '재판장의 명령'이 있는 때에 한하여 부여한다(제482조, 제485조).	확정된 지급명령에 터 잡은 강제집행은 집행문을 '부여받을 필요없이' 지급명령정본에 의하여 행한다. 다만, 조건을 붙인 경우와 승계집행문은 '재판장의 명령'을 받아 집행문을 부여받아야 한다(제32조, 제58조). 그러나 지급명령정본을 수통 또는 재도부여는 '재판장의 명령' 없이 법원사무관 등이 부여한다.

| 집행비용의 변상(辨償) | 강제집행에 필요한 비용은 채무자의 부담으로 하고, 그 집행에 의하여 우선적으로 변상받는데(제513조 제1항), '채무자가 부담할 강제집행비용'으로서 그 집행에 의하여 변상받지 못한 비용에 관하여는 채권자의 신청에 의하여 소송비용액 확정절차규정을 준용하여 집행법원이 결정으로 그 금액을 정한다(규 제107조). | (1) '채무자가 부담하여야 집행비용'으로서 그 집행절차에서 변상받지 못한 비용뿐만 아니라, (2) 강제집행절차의 기초가 된 집행권원이 파기된 경우에 '채권자가 변상하여야 할 비용'도 당사자의 신청을 받아 소송비용액 확정절차규정을 준용하여 집행법원이 결정으로 그 금액을 정한다(규 제24조). |
| 재산명시신청과 집행력 있는 정본의 반환(返還) | 재산관계의 명시신청은 채무명의의 표시 등을 기재한 서면에 의하여야 한다(규 제108조의2).
다만, 예규로 접수공무원은 채권자로부터 집행력 있는 정본 외에 그 사본을 한 부 더 제출받아 오른쪽 윗부분에 원본대조필을 기재하고 날인하여 그 사본을 기록에 철하고 원본은 채권자에게 돌려준다(송민96-2). | 재산명시신청은 집행권원 등을 적은 서면에 의하고, 법원사무관 등은 집행력 있는 정본의 사본을 제출받아 기록에 붙인 후 집행력 있는 정본을 채권자에 바로 돌려준다(규 제25조). |

(부동산강제경매)

지 상 권 (地上權) 에 대한 강제집행	지상권의 경매절차는 (1) 기타 재산권에 대한 집행방법(제584조)에 의하는 견해와 (2) 부동산에 대한 집행방법에 의하는 견해가 있는데, 후설이 다수설이다.	금전채권에 기초한 강제집행에서 지상권과 그 공유지분은 다수설을 명문화하여 부동산으로 본다(규 제40조).
준 부 동 산 (準不動産) 의 집행법원	부동산에 대한 강제집행은 '그 부동산소재지의 지방법원' 이 집행법원으로 관할하고(제600조 제1항), 부동산 외의 권리 또는 물건이 강제집행절차에서 부동산이 취급되는 경우의 집행법원은 명문규정이 없다.	부동산에 대한 강제집행은 '그 부동산이 있는 곳' 의 지방법원이 관할하고(제79조 제1항), 법률 또는 규칙에 따라 부동산으로 보거나 부동산에 관한 규정을 준용한 것에 대한 강제집행은 '그 등기 또는 등록을 하는 곳' 의 지방법원이 관할한다(규 제41조).
미등기건물 (未登記建物) 에 대한 집행	등기부에 채무자로 등기되지 아니한 부동산에 대하여는, 즉시 채무자명의로 등기할 수 있음을 증명할 서류(건축물대장, 건물표시와 소유자 표시가 있는 재산증명서, 건물사용승인서 등)를 첨부하여 강제집행할 수 있다(제602조 제1항 제2호, 1997. 12. 1. 등기예규 제901호). 따라서 '사용승인' 을 받지 아니한 미등기건물에 대하여는 강제집행하지 못한다.	'건축신고' 또는 '건축허가' 를 마쳤으나 사용승인을 받지 아니한 「미등기건물」에 대하여도 강제집행할 수 있다. 채권자가 장부를 주관하는 공공기관에 건물의 지번·구조·면적을 증명하지 못한 때에는 채권자의 청구에 의하여 집행법원이 「집행관(執行官)」에게 그 조사를 하게 한다(제81조). 그러나 '무적법건물' 이나 '미완성건물' 에 대하여는 강제집행하지 못한다.

침해방해방지를 위한 조치	경매개시결정 후에 (1) '채무자'가 가격감소행위 등을 하는 때에는, 법원은 직권 또는 이해관계인의 신청에 의하여 그 행위를 금하는 금지명령이나 일정한 행위를 명하는 작위명령을 할 수 있고, (2) '채무자'가 위 명령에 위반한 때에는, 법원은 채무자에 대하여 집행관에게 인도할 것을 명할 수 있다. (3) 이해관계인의 신청에 의하여 위 (1)·(2)항의 결정을 하는 경우에는 신청인에게 담보를 제공하게 할 수 있다(제603조 제3항, 규 제147조의2).	경매개시결정 후에 (1) '채무자·소유자 또는 점유자'가 가격감소행위 등을 하는 때에는, 법원은 압류채권자(배당요구종기 후의 경매신청자는 제외한다) 또는 최고가매수신고인의 신청에 따라 담보를 제공하게 하거나 담보를 제공하게 하지 아니하고 그 행위를 금하는 금지명령이나 일정한 행위를 명하는 작위명령을 할 수 있고, (2) '채무자·소유자 또는 점유자로서 압류채권자 등에게 대항할 수 없는 사람'이 위 명령에 위반하거나 가격감소행위 등을 하는 때에는, 법원은 압류채권자 또는 는 최고가매수신고인의 신청에 의하여 담보를 제공하게 하고 집행관에게 보관하게 할 것을 명하는 보관명령을 명할 수 있다(제83조 제3항, 규 제44조).
미지급 지료 등의 지급	경매절차를 개시하는 결정을 한 뒤에는 법원은 직권으로 또는 이해관계인의 신청에 따라 부동산에 대한 침해행위를 방지하기 위하여 필요한 조치를 할 수 있다(제603조 제3항). 그런데 침해행위방지를 위한 조치의 일종으로 미지급 지료	건물에 대한 경매개시결정이 있는 때에는, 압류채권자(배당요구종기 후의 경매신청자는 제외한다)는 그 건물의 소유를 목적으로 하는 지상권 또는 임차권의 미지급된 지료 또는 차임을 법원의 허가를 얻어 채무자를 대신하여 변제할 수 있고, 이를

	또는 차임을 대신 변제하는 구체적인 규정은 없다.	집행비용으로 한다(제83조 제3항, 규 제45조).
배당요구의 종기(終期)	우선변제청구권이 있는 채권자, 집행력 있는 정본을 가진 채권자 및 경매신청의 등기 후에 가압류를 한 채권자는 '경락기일(競落期日)'까지 배당요구할 수 있다(제605조). 경매기일 이후에 배당요구를 하거나 배당요구를 철회하면 최고가매수인이 예측할 수 없었으므로 경락을 '불허'하고, 경락기일 이후에 배당요구를 철회하면 철회를 '무효'로 한다(1997. 7. 14. 전 국민사집행판사 회의).	경매개시결정에 따른 압류의 효력이 생긴 때에는 1주일 내에 (등기필증접수 후 3일 안에) 배당요구할 수 있는 종기를 '첫 매각기일이전'으로(2월 후 3월 안의 기한으로) 정하여 '공고'하고, 최선순위 전세권자 및 법원에 알려진 배당요구할 수 있는 채권자에게 이를 '고지'한다. 법원은 특별히 필요하다고 인정하는 경우에는 배당요구의 종기를 '연기(延期)'할 수 있다(제84조). 이중경매신청에서 먼저한 경매신청이 취하되거나 취소되고 뒤의 경매신청이 배당요구의 종기 이후의 신청된 경우에는 새로이 배당요구할 수 있는 종기를 정한다(제87조 제3항). 배당요구에 따라 매수인이 인수하여야 할 부담이 바뀌는 경우, 배당요구를 한 채권자는 배당요구의 종기가 지난 뒤에는 이를 '철회(撤回)'하지 못한다(제88조).

| 선행사건의 실효(失效) 및 정지(停止)와 후행사건의 속행(續行) | 이중경매신청이 있으면 다시 경매개시결정하고 선행사건에 따라 경매하나, 선행사건이 '취하'·'취소' 또 '정지'된 때에는 우선권을 해하지 않는 한도에서 '당연히' 후행사건에 의하여「속행」한다(제604조).
　다만, 선행사건이 '정지'된 경우, 그 경매절차가 취소되면 경락으로 소멸되지 아니한 권리가 변경된 때에는 후행사건에 의하여「속행」하지 않는다. | 선행사건의 '실효'와 '정지'를 구분하여 (1) 선행사건이 '취하' 또는 '취소'된 경우에는 후행사건이 당연히「속행」하나, (2) 선행사건이 '정지'된 경우에는 후행사건이 당연히 속행하지 않고 다음의 경우에는 법원은 신청에 따라 결정으로「속행」한다.
① 후행사건의 압류채권자의 '신청'이 있어야 하고(신청에 대한 결정에 대하여는 즉시 항고할 수 있다), ② 후행사건의 개시결정이 선행사건의 '배당요구의 종기' 전에 이루어져야 하며, ③ 선행사건이 취소되는 경우, 매각으로 소멸되지 아니하는 권리 또는 가처분이 바뀌지 아니하는 경우에 한한다(제87조). |
| 경매절차의 정지(停止)와 뒤의 압류채권자에 대한 통지 | 먼저 경매개시결정을 한 경매절차가 정지된 때에는 뒤의 경매개시결정에 의하여 절차를 속행하므로(제604조 제2항) 경매개시결정에 관한 압류채권자에게 그 취지를「통지」할 필요가 없다. | 먼저 경매개시결정을 한 경매절차가 정지된 때에는 법원사무관 등은 뒤의 경매개시결정에 관한 압류채권자에게 속행신청할 수 있는 기회를 주기 위하여 그 취지를「통지」하여야 한다(규 제47조). |

배당요구 (配當要求)	우선변제청구권이 있는 채권자, 집행력 있는 정본을 가진 채권자 및 경매신청등기 후에 가압류한 채권자는 경락기일까지 배당요구를 할 수 있고, 배당요구는 그 원인을 명시하고 법원소재지에 주거나 사무소가 없는 자는 가주소(假住所)의 선정을 법원에 신고하여야 한다(제605조).	집행력 있는 정본을 가진 채권자 등은 배당요구의 종기까지 배당요구할 수 있고, 가주소신고제도를 '폐지' 하며, 배당요구의 유무에 따라 매수인이 인수하여야 할 부담이 바뀌는 경우에는 배당요구의 종기가 지난 뒤에 배당요구를 '철회' 하지 못한다(제88조).
배당요구서의 첨부서류	배당요구서의 첨부서류에 관하여 별도의 규정이 없어, 집행력 있는 정본에 의하여 배당요구한 경우에 (1) 집행력 있는 정본을 반드시 첨부해야 한다는 견해와 (2) 그 사본을 첨부해도 무방하다는 견해가 대립되어 있다. 다만, 실무는 후자의 견해에 의한다(채권 등 집행재판실무편람 70~71쪽).	배당요구서에는 집행력있는 정본 또는 그 사본, 그 밖에 배당요구의 자격을 소명하는 서면을 붙어야 한다(규 제48조 제2항). 따라서 배당요구단계에서는 집행력있는 정본의 사본을 제출하면 되고, 집행력있는 정본은 배당을 받는 단계에서 제출하면 된다(제159조 제2항, 제3항).
저당권자의 채권에 대한 채무자의 이의가 있는 경우 등의 처리방법	집행력 있는 정본없이 배당요구한 채권을 (1) 임차인의 우선보증금반환채권이나 임금채권 등에 관하여 채무자가 인낙하지 않거나 이의한 경우에는 채권자가 「채권확정의 소」를(제606조 제3항), (2) 저당권자의 피	집행력 있는 정본 없이 배당요구한 경우에 채무자의 인낙여부통지 및 채권확정의 소를 폐지하고, (1) 집행력 있는 정본 없는 채권자(담보권자나 우선변제권을 가진 임차권자 등)에 대하여 채무자가 이의하는 경우에는 채

	담보채권이나 전세권자의 전세금반환채권에 대하여 채무자가 이의하는 경우에는 채무자가 「배당이의의 소」를 제기한다(대법원 2003. 5. 6.자 2000마 3981 결정).	무자가 채권자를 상대로 「배당이의의 소」를(제154조 제1항), (2) 집행력 있는 정본 있는 채권자에 대하여 채무자가 이의하는 경우에는 채무자가 채권자를 상대로 「청구이의의 소」를(제154조 제2항), (3) 다른 채권자의 채권에 대하여 이의하는 채권자는 그 다른 채권자를 상대로 「배당이의의 소」를(제154조 제1항), (4) 가압류채권(경매개시결정등기전후를 불문한다)에 대하여 이의가 있는 때에는 채권자가 채무자를 상대로 「본안소송」을(제154조 제1항) 각 제기한다. 위 (1)~(3)의 경우는 배당기일로부터 1주 이내에 소제기 사실을 증명하는 서류[(2)의 경우는 집행정지재판의 정본도 함께]를 제출하지 아니하면 이의가 '취하' 된 것으로 본다(제154조 제3항).
채 권 확 정 (債權確定) 의 소의 폐지	집행력 있는 정본이 없이 배당요구한 가압류채권자와 우선변제청구권이 있는 채권자가 있는 경우에, 채무자가 그 채권에 관하여 적극적으로 인낙한다는 통지를 하지 않는 한 그 채권자는 채무자를 상대로 「채권확정	채권자가 집행력 있는 정본 없이 배당요구를 한 경우에 채무자의 채권인낙여부통지 및 배당요구채권자에 대한 「채권확정의 소」제도를 '폐지' 하고, 채무자가 그 채권에 관하여 이의가 있으면 '배당이의' 를 한 뒤 「배

	의 소」를 제기하여 채무명의를 획득하여야 한다(제606조). 　유체동산이나 채권집행도 부동산집행에서와 같이 채권인낙통지 및 「채권확정의 소」를 제기한다(제554조, 제580조).	당이의의 소」를 제기한다. 　유체동산이나 채권집행도 부동산집행에서와 마찬가지로 채권인낙통지 및 채권확정의 소를 '폐지' 하고, '배당이의' 와 「배당이의의 소」를 제기한다(제154조, 제296조).
용익권(用益權)의 소멸과 인수	존속기간의 정함이 없거나 경매신청등기 후 6월 이내에 그 기간이 만료되는 전세권은 경락으로 인하여 「소멸」한다(제608조 제2항). 　신청채권자에게는 대항할 수 있지만 선순위저당권이나 압류·가압류에 대항할 수 없는 중간 용익권은 매각으로 소멸하는 저당권에 대항할 수 없는 이상 소멸한다(대법원 1987. 3. 10. 선고 86다 1718 판결).	지상권·지역권·전세권 및 등기된 임차권 등 용익권은 (1) 저당권·압류채권·가압류채권에 '대항할 수 없는 경우'에는 매각으로 「소멸」되나, (2) '그 외의 경우'에는 매수인에게 「인수」된다. 　다만, 전세권은 배당요구의 종기까지 '배당요구하면' 매각으로 「소멸」된다(제91조 제3항, 제4항). 전세권자는 배당요구의 종기가 지난 뒤에 위 배당요구를 철회하지 못한다(제88조 제2항).
경매신청의 취하와 매수인 등의 동의	매수신고가 있은 후에 경매신청을 취하하려면, '최고가매수신고인' 과 '차순위매수신고인' 의 동의를 얻어야 한다(제610조 제2항). 　다만, 경락허가결정 후의 '경락인' 의 동의도 필요하다고 해석한다.	매수신고가 있은 후에 경매신청을 취하하려면 '최고가매수인', '차순위매수신고인' 뿐만 아니라 매각허가결정 후의 '매수인' 의 동의도 얻어야 한다(제93조 제2항).

매수신고 후의 강제집행 정지서류의 제출	매수신고가 있은 후에 (1) 담보제공증명서(제510조 제3호)나 집행신청취하공정증서(제510조 제6호)를 제출한 경우에는 '최고가매수신고인 등의 동의'가 있으면 강제집행은 「정지」되나(제610조 제3항), (2) 변제증서 또는 유예증서(제510조 제4호)를 제출한 경우에는 경락허가결정이 실효되지 않는 한 '최고가매수신고인 등의 동의'가 있어도 강제집행은 「정지」되지 않는다.	매수신고가 있은 후에 (1) 담보제공증명서(제49조 제3호)나 집행신청취하공정증서(제49조 제6호)를 제출한 경우 뿐만 아니라, (2) 변제증서 또는 유예증서(제49조 제4호)를 제출한 경우에도 '최고가매수신고인 또는 매수인과 차순위매수신고인의 동의'가 있으면 강제집행은 「정지」된다(제93조 제3항).
이중개시결정과 경매신청의 취하 (取下)	이중개시결정이 된 때에는 먼저의 압류채권자가 신청을 취하되거나 그 절차가 취소 또는 정지된 때에도 뒤의 개시결정에 의하여 절차가 속행되므로(제604조 제2항) 압류채권자가 경매신청을 취하하더라도 매각조건에 변경이 없으면 최고가매수신고인의 동의가 필요없음은 해석상 당연하나 명문규정은 없다.	이중개시결정이 된 때에는 먼저의 압류채권자가 신청을 취하하여도 뒤의 개시결정에 따라 절차가 계속 진행되므로(제87조 제2항) 압류채권자가 경매신청을 취하하더라도 '최고가매수신고인 등의 동의'가 필요없다. 다만, 배당요구의 종기가 지난 뒤에 이중경매가 신청되거나 속행에 의하여 매각조건에 변경이 생기는 경우에는 '최고가매수신고인 등의 동의'가 필요하다. 　담보제공증서(제49조 제3호), 취하증서(같은 조 제6호)를 제출하더라도 매각조건에 변경되지 아니하면 '최고가매수인 등의 동의'가 필요없다(규 제49조).

집행정지서류 등의 제출시기	강제집행정지서류는 '경락허가결정의 선고시'까지 제출되어야 강제집행이 정지되었으나(대법원 1978. 12. 19.자 77마 452 결정), 1990. 9. 1. 민사소송법의 개정으로 (1) 법 제510조 제1호, 제2호, 제5호의 서류는 '경락대금을 지급하기 전'까지 제출하여야 하고, (2) 법 제510조 제4호의 서류가 매수신고 후에 제출된 경우에는 경락허가가 안 될 때만 정지되며, (3) 법 제510조 제4호 이외의 서류가 경락대금지급 후에 제출된 경우에는 당해 채권자 이외에 받을 자에게 배당한다(규 제146조의 3).	(1) 법 제49조 제1호, 제2호, 제5호의 서류는 '매각대금을 내기전'까지 제출하면 되고, (2) 법 제49조 제2호의 서류가 매각허가결정이 있은 뒤에 제출된 경우에는 매수인은 「매각허가결정의 취소신청」을 할 수 있으며, (3) 매각대금을 낸 뒤에 법 제49호 각호 중 ① 제1호, 제3호, 제5호, 제6호의 서류가 제출된 때에는 그 채권자를 배당에서 '제외'하고, ② 제2호의 서류가 제출된 때에는 그 채권자에 대한 배당액을 '공탁'하며, ③ 제4호의 서류가 제출된 때에는 그 채권자에 대한 배당액을 '지급'한다(규 제50조).
법원사무관 등에 의한 등기촉탁	경매개시결정이나 집행절차의 종료, 가압류·가처분결정에 터 잡은 등기나 등록의 촉탁을 '법원의 업무'로 한다(제611조).	집행절차에서 이루어지는 등기·등록의 촉탁을 '법원의 업무'에서 '법원사무관 등의 업무'로 전환한다(제94조).
감정인(鑑定人)의 강제처분권	감정인이 부동산의 평가를 위해 필요한 경우에는 건물에 '출입'하거나 채무자 등에게 '질문'할 수 있고, 직무를 집행하는데 저항을 받으면 「집행법원의 허가」를 받아 '집행관의 원조'를 요청할 수 있다(규 제149조).	건물에 출입하거나 질문을 하는 등으로 타인의 재산권이나 주거의 자유 등을 침해하는 행위에 관하여 법률이 아닌 '대법원규칙'으로 규정하는 것은 적절하지 아니하므로 이를 '법률'로 격상시켜 규정한다(제97조).

| 일괄매각
(一括賣却)
의 확대 | 법원은 수 개의 부동산의 위치, 형태, 이용관계 등을 고려하여 이를 동일인에게 일괄매수시킴이 상당하다고 인정한 때에는 일괄경매할 것을 정할 수 있다(제615조의 2).
 여러 개의 부동산에 대한 일괄경매만 인정되고, 일괄경매결정은 법원의 재량에 의해 이루어진 것으로서 이해관계인의 일괄경매신청은 법원의 직권발동을 촉구하는 의미만 가진다. | 서로 다른 종류의 재산(금전채권을 제외한다)이라도 그 이용관계 등을 고려하여 동일인에게 일괄매수시키는 것이 상당하다고 인정될 때에는 직권 또는 이해관계인의 신청에 의하여 일괄매각할 수 있다.
 다른 법원이나 집행관에 계속된 경매사건의 목적물에 대하여도 일괄매각결정을 할 수 있고, 이 경우에는 경매신청을 일괄매각결정한 법원에 이송하여 각 경매사건들을 병합한다(제98조, 제99조).
 일괄매각하거나 여러 개의 부동산을 과잉매각하는 경우에 채무자는 '매각허가결정이 선고되기 전'에 '서면'으로 매각재산을 지정할 수 있다(규 제52조). |
| 무잉여통지와 잉여증명 | 법원으로부터 무잉여통지를 받은 압류채권자가 7일 이내에 잉여 있을 가격을 정하여 매수신고가 없을 때 보증을 제공하고 「매수신청」하지 않으면 경매절차를 '취소' 한다(법 제616조). | 법원으로부터 남을 가망이 없다는 통지를 받은 압류채권자는 1주일 이내에 (1) 남을 만한 한 가격을 정하여 매수신고가 없을 때 보증을 제공하고 「매수신청」하거나 (2) 변제증서, 채권포기서의 제출 등 남을 가망이 있음을 「증명」한 때에는 경매절차를 '속행' 한다(제102조, 규 제53조). |

채무자 등의 매수신청금지	채무자는 매수할 수 있는 돈이 있으면 변제하여야 하므로 매수의 신청을 할 수 없다(규 제119조, 제153조). 따라서 물상보증인이나 제3채무자는 채무자가 아니므로 매수신청할 수 있다.	다음 사람은 매수신청할 수 없다(규 제59조). (1) 채무자 (2) 관여한 집행관 (3) 평가한 감정인
매 각 방 법 (賣却方法)	매각방법은 (1) 원칙으로「경매(호가경매)」에 의하나, (2) 법원은 경매기일의 공고 전에 직권 또는 이해관계인의 신청에 의하여 경매에 갈음하여「입찰(기일입찰)」은 명할 수 있고, 입찰절차는 경매절차에 관한 규정을 준용한다(제663조).	매각방법에는 (1) 매각기일에 하는「호가경매(呼價競賣)」, (2) 매각기일에 입찰 및 개찰하게 하는「기일입찰(期日入札)」, (3) 입찰기간 내에 입찰하게 하여 매각기일에 개찰하는「기간입찰(期間入札)」의 세 가지 방법이 있고, 집행법원이 그 중 한 가지 방법을 정한다(제103조). 따라서 이해관계인이 매각방법을 신청할 필요가 없다.
매각기일 등의 공고 방식의 개선	집행법원이 직권으로 경매기일과 경락기일을 정하여 공고하고(제617조 제1항), 그 공고방법은 공고사항을 기재한 서면을 법원의 게시판에 게시하되, 최초의 경매기일에 관한 공고는 그 요지를 신문에 게재하고, 법원이 필요하다고 인정할 때에는 그 외의 경매기일에 관하여도 신문에 게재할 수 있다(제	기간입찰은 매각기일, 매각결정기일과 함께 입찰기간도 공고하고 매각기일 등 공고방법은 대법원규칙이 정하는 바에 따라 (1) 법원게시판의 게시, (2) 관보·공보 또는 신문에의 게재, (3) 전자통신매체를 이용한 공고의 세 가지 중 어느 하나의 방법으로 하고, 필요하다고 인정하는 때에는 신문, 인터넷 등 적

	621조).	당한 방법으로 공고사항의 요지를 공시할 수 있다(제104조 제1항, 제4항, 규칙 제11조).
발송송달방법의 개선	법원은 경매기일과 경락기일을 이해관계인에게 통지하고, 이 통지는 집행기록에 표시된 이해관계인의 주소에 '등기우편'으로 발송할 수 있다(제617조 제2항, 제3항).	법원은 매각기일과 매각결정기일을 이해관계인에게 통지하고, 이 통지는 집행기록이 표시된 이해관계인 주소에 대법원규칙이 정하는 방법으로 발송할 수 있다(제104조 제2항, 제3항). 따라서 발송송달의 방법은 '등기우편'에 한정되지 않고, 전자우편 등 정보통신기술의 발전상황에 따라 개선할 수 있게 되었다.
매각물건명세서 등의 비치	법원은 경매물건명세서, 현황조사보고서 및 평가서의 각 사본을 경매기일 1주까지 '비치'한다(제617조의2, 규 제150조).	법원은 매각물건명세서, 현황조사보고서 및 평가서의 각 사본을 매각기일 또는 입찰기간의 개시일(기간입찰) 1주 전까지 '비치'한다. 다만, 상당하다고 인정하는 때에는 이를 '전자통신매체'로 공시함으로써 비치에 갈음할 수 있다(제105조 제2항, 규 제55조).
매각조건(賣却條件)의 변경	(1) 최저경매가격 외의 매각조건은 '경매기일까지' 이해관계인의 합의에 의하여 변경할 수 있고(제622조), (2) 법원은 필요	(1) 최저경매가격 외의 매각조건은 '배당요구의 종기까지' 이해관계인의 합의에 따라 바꿀 수 있고(제110조), (2) 법원은 거

	하다고 인정한 때에는 법정매각조건을 '변경(變更)'할 수 있으며, '최저경매가격의 변경'에 대하여는 「즉시항고」할 수 있다(제623조).	래의 실상을 반영하거나 경매절차를 효율적으로 진행하기 위하여 필요한 경우에는 배당요구의 종기까지 매각조건을 '변경'할 수 있을 뿐만 아니라 새로운 매각조건을 '설정(設定)'할 수 있으며, '직권에 의한 매각조건의 변경 또는 설정'에 대하여는 「즉시항고」할 수 있다(제111조).
매각기일의 공고시기	최초의 경매기일은 공고일로부터 '14일' 이후로 정하고(619 ①), 신경매기일과 재경매기일은 공고일로부터 '7일' 이후로 정한다(631 ②, 637 ②, 648 ③).	매각기일의 공고는 많은 사람이 공고를 볼 수 있도록 최초 매각기일이든 신 매각기일이든 재매각기일이든 매각기일(기간입찰은 입찰기간의 개시일)의 '2주' 전까지 공고하여야 한다(규56).
매각기일에서의 집행기록열람폐지	집행관은 경매기일에 집행기록을 열람하게 하고 특별한 매각조건이 있는 때에는 이를 고지하고 매수신고가격신고를 최고한다(제624조). 따라서 '집행기록을 열람할 장소'를 공고하고(제618조 제7호), 경매조서에 '집행기록을 열람하게 한 일'을 기재한다(제628조 제1항 제3호).	매각기일에서의 집행기록열람을 '폐지'하고 그 대신 매각물건명세서·현황조서보고서 및 평가서의 각 사본을 열람할 수 있도록 한다. 따라서 '위 각 사본을 매각기일 전에 법원에 비치하여 누구든지 볼 수 있도록 제공한다는 취지'를 공고하고(제106조 제7호), 매각기일조서에 '위 각 사본을 볼 수 있게 한 일'을 적는다(제116조 제1항 제3호).

공동입찰허가제의 폐지	공동으로 입찰하려고 하는 자는 그들 상호간의 관계 및 지분을 분명히 하여 입찰표를 제출하기 전에 '집행관의 허가'를 받아야 한다(규 제159조의5 제3항). 집행관은 친자·부부 등의 친족관계에 있는 자, 공동점유·사용자, 공동채권자 또는 공동저당권자, 1필지의 대지 위에 여러 개의 건물이 있는 경우의 각 건물소유자, 여러 임차인 등과 같이 특수한 신분관계 또는 공동입찰의 필요성이 인정되는 때에 한하여 공동입찰을 허가한다. 공동입찰허가원과 공동입찰목록 사이에 공동입찰자 전원이 간인하고, 목록 뒤에 주민등록등본·등기부등본 등 공동입찰자간의 상호관계를 소명할 수 있는 자료를 첨부한다. 입찰표의 본인 서명란에 '별첨 공동입찰자 목록기재와 같음'이라고 기재하고 허가받은 「공동입찰허가원」을 첨부하되, 입찰표와 공동입찰허가원 사이에 공동입찰자 전원이 간인한다(송민 93-2).	2인 이상이 공유 또는 합유를 목적으로 공동으로 입찰에 참가하는 공동입찰(共同入札)은 사적자치의 원칙상 이를 금할 이유가 없고 또한 필요성도 있으므로 '집행관의 허가' 없이 허용된다. 공동으로 입찰하는 때에는 '각자의 지분(持分)'을 명확히 하여 「공동입찰신고서」를 작성한다(규 제62조 제5항). 입찰표에 각자의 지분을 표시하지 아니한 때에는 입찰을 '무효'로 할 것이 아니라 '평등한 비율'로 취득한 것으로 본다(민법 제262조 제2항). 다만, 공동입찰의 형식을 빌어 부당하게 담합행위(談合行爲)를 한 것이 판명된 때에는 집행관은 매수신청을 하지 못하도록 할 수 있고(제108조 제1호, 제2호), 매각불허 사유가 된다(제123조 제2항, 제121조 제4호).

| 매수신청의 보증(保證) | 매수신청인이 보증으로 '매수가격의 10분의 1'에 해당하는 현금이나 법원이 인정한 유가증권을 즉시 집행관에게 보관하게 하지 아니하면 매수를 허가하지 못한다(제625조). | 매수신청인은 대법원규칙이 정하는 바에 따라 집행권원이 정하는 금액과 방법에 맞는 보증을 집행관에게 제공하여야 한다(제113조).
매수신청의 보증금액은 입찰가액의 다과에 관계없이 '최저매각가격의 10분의 1'로 하여 정액으로 하되, 법원이 상당하다고 인정하는 때에는 달리 정할 수 있고(규 제63조 제1항, 제71조, 제72조 제4항), 보증의 제공방법은 호가경매 및 기일경매에서는 ① 금전, ② 지급제시기간이 5일 이상 남아 있는 자기앞수표, ③ 지급위탁계약을 체결한 문서 중 어느 하나이고(규 제64조, 제72조 제4항), 기간입찰에서는 ① 지급위탁계약을 체결한 문서, ② 법원예금계좌의 입금증명서 중 어느 하나이다(규 제70조). |
| 입찰기간의 지정과 기간입찰에서의 입찰의 방법 | 기간입찰을 채택하지 않는다. | 기간입찰에서 입찰기간은 1주 이상, 1월 이하의 범위 안에서 정하고, 매각기일은 입찰기간이 끝난 후 1주 안의 날로 정하고(규 제68조), 입찰은 입찰표를 넣고 봉함을 한 봉투의 겉면에 매각기일을 적어 집행관에게 제출하거나 그 봉투를 등기우편으로 |

		부치는 방법으로 한다(규 제69조).
매수신청의 효력과 입찰 마감시간	매수허가된 각 매수신고인은 다시 고가의 매수허가가 있을 때까지 그 신고가격의 구속을 받으며, 경매는 매수가격의 신고를 최고한 후 1시간을 경과하지 아니하면 종결하지 못한다(제626조).	호가경매기일에서 매수신청한 사람은 더 높은 액의 매수신청이 있을 때까지 신청액에 구속되며(규 제72조 제2항), 기일입찰기일에서 집행관은 입찰표의 제출을 최고한 후 1시간이 지나지 아니하면 입찰을 마감하지 못한다(규 제65조 제1항).
1기일 2회 입찰실시	경매기일에 허가할 매수가격의 신고가 없는 때에는 경매기일의 마감을 취소하여 경매를 1기일 2회 실시할 수 없고, 우선권을 해하지 아니하는 한도에서 법원은 최저경매가격을 상당히 저감하고 신경매기일을 정한다(제631조 제1항).	기일입찰 또는 호가경매에 의한 매각에서 매각기일을 마감할 때까지 허가할 매수가격의 신고가 없는 때에는 매각기일의 마감을 취소하여 최저매각가격을 저감하지 않고 즉석에서 다시 한번 입찰 또는 경매를 실시할 수 있다. 매각기일의 마감은 재차 취소하지 못한다(제115조).
매각허가에 대한 이의신청사유(異議申請事由)	경락허가에 대한 이의사유로 '강제집행을 허가할 수 없거나 집행을 속행할 수 없을 때' 등 여덟 가지를 규정한다(제633조).	단순한 절차위반이나 중복되는 사유를 삭제하고, 부동산의 물리적훼손 또는 중대한 권리관계의 변동을 추가하여 이해관계인의 이익이 침해되거나 경매절차의 공정성을 해칠 우려가 있는 중대한 절차위반의 사유만을 매

		각허가에 대한 이의신청사유로 하고, '경매절차에 그 밖의 중대한 잘못이 있는 때'라는 포괄적인 이의신청사유를 신설한다(제121조).
매각의 불허(不許)	법원은 이의신청을 정당하다고 인정한 때에는 경락을 허가하지 아니한다. 경락허가에 대한 이의사유가 있는 때에는 직권으로 경락을 허가하지 아니하나, 강제집행을 허가할 수 없거나 집행을 속행할 수 없을 경우에는 '경매한 부동산이 양도할 수 없는 것이거나 경매절차를 정지한 때'에 한한다(제635조).	법원은 이의신청이 정당하다고 인정한 때에는 매각을 허가하지 아니한다. 매각허가에 대한 이의신청사유가 있는 때에는 직권으로 매각을 허가하지 아니하고, 강제집행을 허가할 수 없거나 집행을 계속 진행할 수 없는 때에도 양도할 수 없거나 정지한 때에 한한다는 규정을 삭제하여 '제한 없이' 직권으로 매각을 불허한다(제123조).
매각불허의 경우의 새 매각과 재평가(再評價)	경락을 허가하지 아니하고 다시 경매를 명하는 때에는 직권으로 신경매기일을 정한다(제637조).	매각을 허가하지 아니하고 다시 매각을 명하는 때에는 직권으로 매각기일을 정한다. 부동산의 물리적 훼손 또는 중대한 권리관계의 변동으로 매각을 불허하고 새 매각기일을 열게 된 때에는(제121조 제6호) 최저매각가격의 결정, 일괄매각결정, 남을 가망이 없을 경우의 경매취소, 매각방법의 결정, 매각기일과 매각결정기일의 지정,

		매각물건명세서의 작성 등의 절차를 다시 밟는다(제125조).
매각허가결정(賣却許可決定)의 취소신청	매수가격의 신고 후에 천재·지변 기타 자기가 책임을 질 수 없는 사유로 인하여 부동산이 훼손된 때에는 최고가매수인은 「경락불허가신청」을, 경락인은 대금을 납부할 때까지 「경락허가결정의 취소신청」을 할 수 있다(제639조). 부동산의 훼손에는 부동산에 관한 '중대한 권리관계가 변동된 경우'도 포함된다고 해석한다(대법원 1998. 8. 24.자 98마1031결정 등).	'부동산이 물리적으로 훼손된 사실' 또는 '중대한 권리관계가 변동된 사실'(선순위 저당의 말소로 후순위 가처분 또는 가등기가 선순위로 되는 경우 등)이 (1) 매각허가결정의 확정전에 발견된 때에는 「매각허가에 대한 이의」(제121조 제6호) 또는 「즉시항고」(제130조)로, (2) 매각허가결정의 확정 후에 발견된 때에는 「매각허가결정의 취소신청」으로 각 구제받을 수 있다(제127조).
매각허가결정 후의 집행일시정지와 매수인의 매각허가결정취소신청	경락허가결정이 있은 뒤에 강제집행 일시정지재판의 정본이 제출되면 경락인은 「경락허가결정의 취소」를 신청할 수 없으므로 경매절차에 구속되어 정지사유가 해소될 때까지 기다리는 수밖에 없다.	매각허가결정이 있은 뒤에 강제집행 일시정지재판의 정본이 제출되면 매수인은 자기가 책임질 수 없는 사유로 부동산에 대한 중대한 권리관계가 변동된 사실이 밝혀진 경우에 해당되므로 대금을 날 때까지 「매각허가결정의 취소」를 신청할 수 있다(제127조, 규 제50조 제2항).

매각허부에 대한 항고이유의 정비	(1) 경락불허가결정에 대한 항고는 법에 규정된 모든 불허가원인이 없음을 이유로 하는 때에 한하여 할 수 있으므로 매각불허가의 원인 중 어느 하나라도 인정하면 항고를 기각하고, (2) 경락허가결정에 대한 항고는 법이 규정한 경락허가에 대한 이의이유 있음을 이유로 하거나 경락조서의 취지에 저촉된 것을 이유로 하는 때에 한하여 할 수 있다(제642조 제1항, 제2항).	(1) 매각불허가결정에 대한 항고는 모든 직권불허사유가 없음을 이유로 하는 때에 한하여 할 수 있다는 규정을 '삭제하였으므로' 항고법원은 직권매각불허가사유 모두를 심리할 필요가 없고 항고이유에 대해서만 조사하며(제15조), (2) 매각허가결정에 대한 항고이유 중 매각허가결정이 매각결정기일조서의 취지에 저촉된 경우를 '삭제' 하는 대신 매각허가결정의 절차에 중대한 잘못이 있는 경우를 '추가' 하였다(제130조 제1항).
항고보증공탁범위의 확대	'채무자' 나 '소유자' 또는 '경락인' 이 경락허가결정에 대하여 항고하려면 경락대금의 10분의 1에 해당하는 현금 또는 법원이 인정하는 유가증권을 공탁하여야 한다(제642조 제4항).	채무자, 소유자, 매수인뿐만 아니라 매각허가결정에 불복하는 '모든 항고인' 은 매각대금의 10분의 1에 해당하는 현금 또는 법원이 인정하는 유가증권을 공탁하여야 한다(제130조 제3항).
항고남용을 방지하기 위한 보증금의 공제	경락허가결정에 대한 항고가 기각된 경우, (1) 항고인이 채무자와 소유자인 경우에는, (2) 경락인인 경우에는 항고한 날로부터 항고기각결정이 확정된 날까지의 대통령령이 정하는 이율(연 25%)에 의한 금액을 각 몰취하여 그것을 배당재판	매각허가결정에 대한 항고가 기각된 경우, (1) 항고인이 채무자와 소유자인 경우에는 보증금전액을, (2) 그 이외의 항고인인 경우에는 항고한 날로부터 항고기각결정이 확정된 날까지의 대법원규칙이 정하는 이율(연 25%, 2003. 8. 1.부터는 연

	에 편입한다(제642조 제6항, 제7항, 제655조, 민사소송법 제642조 제7항의 이율에 관한 규정).	20%)에 의한 금액을 몰취하여 그것을 배당재단에 편입한다. 항고인이 항고를 취하한 경우에도 항고기각결정이 확정된 경우와 같이 보증금을 공제한다(제130조 제6항 내지 제8항, 제147조, 규 제75조).
항고장각하 결정에 대한 즉시항고	채무자 등이 항고장에 보증의 제공이 있음을 증명하는 서류를 첨부하지 아니한 때에는 원심법원은 7일 이내에 이를 「각하」하여야 하나(제642 제5항), 이 항고장각하결정에 대하여 불복할 수 있는 규정이 없다. 그러나 판례는 「즉시항고」의 방법으로 불복할 수 있다고 하였다(대법원 1995. 1. 20. 자 94마1961 전원합의체결정).	항고를 제기하면서 보증을 제공하였음을 증명하는 서류를 붙이지 아니한 때에는 원심법원은 1주 이내에 결정으로 이를 「각하」해야 하고, 이 항고장각하결정에 대하여 「즉시항고」할 수 있다(제130조 제4항, 제5항). 그러나 항고에 의하여 경매절차가 정지되지 않는다(제15조 제6항).
항고심(抗告審)의 절차	(1) 직권경락불허에 관한 규정은 항고심에 준용하므로 항고법원은 여덟 가지 불허사유를 모두 조사하고(제643조 제3항), (2) 항고인용의 경우, 「경락허부결정」은 '집행법원'이 하지 않고 '항고법원'이 하며, (3) 항고인용의 재판은 집행법원이 이를 이해관계인 등에게 알리기 위해 법원게시판에 공고한다(제644조).	(1) 직권매각불허에 관한 규정의 항고심에의 준용을 '삭제'하여 항고법원은 항고이유에 대하여만 심리하고, (2) 항고인용의 경우 「매각허부결정」은 '항고법원'이 하지 않고 '집행법원'이 하며(제132조), (3) 항고인용의 재판을 공고하는 제도를 '폐지'한다.

인 도 명 령 (引渡命令) 의 상대방의 확장	(1) 인도명령의 상대방 채무자·소유자·압류 후의 점유자에 한하고, (2) 인도명령을 함에는 '채무자 또는 소유자 이외의 자'가 점유하고 있는 때에는 그 점유자를 심문(審問)한다(제647조).	(1) 인도명령의 상대방을 확장하여 점유자가 매수인에게 대항할 수 있는 권한을 가진 경우 이외에는 인도명령을 발할 수 있고, (2) 인도명령의 발령시에는 상대방을 필요적으로 심문하되, 그에 대한 예외로서 채무자 또는 소유자뿐만 아니라 '매수인에게 대항할 수 있는 권원에 의하여 점유하고 있지 아니함이 명백한 때'와 '이미 그 사람을 심문한 때'에도 심문을 생략할 수 있다(제136조).
공유자의 우선매수권 행사절차	(1) 공유자의 우선매수권은 '경매기일까지' 행사할 수 있는데, 경매기일까지를 집행관이 매각기일을 종결시키기 전까지로 해석하고(대법원 2000. 1. 28.자 99마 5871결정), (2) 공유자가 우선매수신고하였으나 다른 매수신고인이 없으면 우선매수를 인정할 수 없다는 견해와 최저경매가격을 최고가매수신고가격으로 한다는 견해가 대립되고 있으며, (3) 차순위매수신고인으로 보는 최고가매수신고인은 차순위신고인의 지위를 포기하는 규정이 없다.	(1) 공유자의 우선매수신고는 집행관이 매각기일을 종결한다는 고지를 하기 전까지 할 수 있고, (2) 공유자가 우선매수신고하였으나 다른 매수신고인이 없으면 최저매각가격을 최고가매수신고가격으로 하며, (3) 차순위매수신고인으로 보는 최고가매수신고인은 집행관이 매각기일을 종결한다는 고지를 하기 전까지 차순위매수신고인의 지위를 포기할 수 있다(규 제76조).

매수인의 지연이자 (遲延利子)	경락인이 대금지급기일에 그 의무를 이행하지 아니하여 재경매를 명한 경우에도, 경락인이 재경매기일의 3일 이전까지 대금, 지연이자와 절차비용을 지급한 때에는 재경매절차를 취소한다(제138조 제3항). 이 경우에 지연이자에 관하여는 별도의 정함이 없어서 경매법원에서 특별매각조건으로 달리 지연이자율을 정하지 않은 이상 민사법정이율인 '연5푼'에 의한다(민법 제379조).	매수인이 대금지급기한까지 그 의무를 이행하지 아니하여 재매각을 명한 경우에도 매수인은 재매각기일의 3일 이전까지 대금, 대법원규칙이 정하는 이율인 '연2할5푼'(2003. 8. 1. 부터는 '연2할')에 따른 지연이자와 절차비용을 지급한 때에는 재매각절차를 취소한다(제138조 제3항, 제142조 제5항, 규 제75조).
공유물지분 (共有物持分)의 평가	공유물지분의 최저경매가격은 공유물 전부의 평가액을 기본으로 채무자의 지분에 관하여 정하여야 한다(제649조 제2항).	공유물 전체를 먼저 평가한 뒤 그 지분비율에 따라 공유물지분을 평가하는 것이 원칙이지만, 그와 같이 하면 정확한 가치를 평가하기 어렵거나 과다한 비용이 드는 등 '특별한 사정이 있는 경우'에는 바로 공유물지분 자체의 가액을 평가할 수 있다(제139조 제2항).

계산서제출의 최고	각 채권자는 경락기일까지 그 채권의 원금·이자·비용 기타 부대채권의 계산서를 제출하여야 하고, 채권자가 계산서를 제출하지 아니한 때에는 경매신청서·배당요구서 등 증빙서류에 따라 계산한다(제653조).	계산서를 경락기일까지 제출하는 의무는 삭제되는 대신 배당요구의 종기가 정해지면 법원사무관 등은 법 제148조 제3호 및 제4호의 채권자에 대하여 배당요구의 종기까지 채권액을 신고토록 하고(제94조 제5항), 배당기일이 정해지면 법원사무관 등은 각 채권자에 대하여 채권의 원금, 배당기일까지의 이자, 그 밖의 부대채권 및 집행비용을 적은 계산서를 1주 이내에 법원에 제출할 것을 최고한다(규 제81조).
「대금지급기일」을 「대금지급기한」으로 변경	대금지급기일(代金支給期日)은, 경락허가결정이 확정된 날로부터 1월 이내, 상소된 경우에는 그 기록을 송부받은 날로부터 1월 이내의 날로 정하고, 경락인은 위 기일에 경락대금을 지급하여야 한다(제654조). 따라서 경락대금을 대금지급기일 이외의 날에 납부하거나 또는 그 이전에 공탁하여도 이는 대금납부로서 효력이 없다(대법원 1966. 6. 28. 선고 66다 833 판결).	「대금지급기일제도」를 폐지하고 대신하여 「대금지급기한제도」를 도입하여 법원은 대금지급기한(代金支給期限)을 매각허가결정이 확정되거나 상소법원으로부터 기록을 송부받은 날로부터 3일 안에, 1월 안의 날로 정하고, 매수인은 대금지급기한까지 '언제든지' 매각대금을 지급할 수 있다(제142조).

대금지급기한의 추가지정	매수신청의 보증으로 유가증권을 제공한 경우에 그 유가증권을 현금화하여 보증금에 미달되는 때에도 대금지급기일을 추가지정하지 않는다(제654조).	대금지급기한을 지정하였으나 매수인이 매각대금 중 보증금을 뺀 나머지 금액만 낸 경우에 보증을 현금화하여 그 비용을 뺀 금액을 보증금액에 해당하는 매각대금 및 이에 대한 지연이자에 충당하고, 모자라는 금액이 있으면 다시 대금지급기한을 정하여 매수인으로 하여금 내게 한다(제142조 제4항).
「상계신청」을 「차액지급신고」로 변경	채권자가 경락인인 경우에 그 채권의 배당액이 매입대금을 지급함에 충분한 때에는 매입대금의 '상계(相計)'로 채권이 소멸된다. 　다만, 상계할 경락인의 채권에 대하여 이의 있는 때에는 이에 상당한 '대금을 지급' 하거나 '담보를 제공' 하여야 한다(제660조 제2항).	채권자가 매수인인 경우에는 매각결정기일이 끝날 때까지 법원에 신고하여 배당받아야 할 금액을 제외한 대금을 배당기일에 낼 수 있다. 즉 종전의 「상계신청」이 「차액지급신고(差額支給申告)」로 개정되었다. 　차액신고가 있으면 대금지급기한의 지정없이 바로 배당기일을 지정한다. 　다만, 매수인이 배당받아야 할 금액에 대하여 이의가 제기된 때에는 이에 해당하는 대금을 내야 하고 '담보를 제공' 할 수 없다(제143조 제2항, 제3항).

항고보증금 (抗告保證 金)의 배당	반환청구하지 못하는 항고보증금은 배당재단에 편입되고, 배당절차에서 채권자에게 변제한 후 잔여가 있는 경우, 그 잔여금은 '채무자 또는 소유자'에게 지급한다.	채무자와 소유자를 제외한 항고인이 제공한 항고보증금액이 배당재단으로 편입되어 배당절차가 진행된 후 잔여가 있으면 보증공탁금액의 범위 내에서 그것을 '항고인'에게 되돌려주고, 이 경우 배당하고 남은 금액으로 그 보증공탁금액을 돌려 주기에 부족하고 보증을 제공한 항고인이 여럿인 때에는 각 보증금의 비율에 따라 안분하여 반환한다(제147조 제2항, 제3항).
배당(配當) 받을 채권자 의 범위	배당받을 채권자의 범위에 관하여 명문의 규정을 두지 않았으나, 실무 예는 다음과 같다(제605조, 제608조, 제661조). ① 경매신청채권자 ② 배당요구채권자 ③ 이중압류채권자 ④ 압류의 효력발생전에 등기된 가압류채권자 ⑤ 매각으로 소멸하는 저당권자 및 전세권자로서 압류의 효력발생 전에 등기한 자 ⑥ 공과금채권자	배당받을 채권자의 범위는 다음과 같다(제148조). ① 배당요구의 종기까지 경매신청을 한 압류채권자 ② 배당요구의 종기까지 배당요구를 한 채권자 ③ 첫 경매개시결정전에 등기된 가압류채권자 ④ 저당권·전세권, 그 밖의 우선변제청구권으로서 첫 경매개시결정등기 전에 등기되었고 매각으로 소멸하는 것을 가진 채권자

배당이의의 방법	배당이의는 채권자든 채무자든 배당기일에 출석하여 '구술(口述)'로서만 할 수 있고, '서면'으로 할 수 없다(제659조).	배당이의는 (1) 채권자는 배당기일에 출석하여 '구술'로서만 할 수 있으나, (2) 채무자는 '구술'로 할 수 있음은 물론, 법원이 배당기일 3일 전에 작성하는 「배당표원안(配當表原案)」이 비치된 이후 배당기일이 끝날 때까지 '서면(書面)'으로도 할 수 있다(제151조).
배 당 이 의 (配當異議) 의 절차	기일에 출석한 채무자는 각 채권자의 채권 또는 그 채권의 순위에 대하여 이의를 신청할 수 있고, 출석한 각 채권자는 자기의 이해에 관하여는 다른 채권자에 대하여 이의를 신청할 수 있다(제659조 제1항, 제2항). (1) 집행력 있는 정본없이 배당요구를 한 경우에, 채무자가 채권을 인낙하지 않으면 채권자는 채무자에 대하여 「채권확정의 소」를 제기하고(제606조), (2) 집행할 수 있는 채권에 대한 채무자의 이의는, 「청구이의의 소」를 제기하고, 감정처분을 신청할 수 있다(제659조 제3항).	(1) 집행력있는 정본을 가지지 아니한 채권자(저당권자나 우선변제권을 가진 주택임차권자 등)에 대하여 채무자가 이의하는 경우에는 종전의 「채권확정의 소」는 '폐지'되었으므로 채무자가 채권자를 상대로 「배당이의의 소」를 제기하고(제154조 제1항), (2) 집행력 있는 정본을 가진 채권자에 대하여 채무자가 이의하는 경우에는 채무자가 채권자를 상대로 「청구이의의 소」를 제기하며(같은 조 제2항), (3) 다른 채권자의 채권에 대하여 이의하는 채권자는 그 다른 채권자를 상대로 「배당이의의 소」를 제기하고(같은 조 제1항), (4) 가압류채권(경매개시결정등기 전후 불문)에 대하여 이의가 있는 때에는 채권자가 채무자를 상대로

		「본안소송」을 제기한다(같은 조 제1항). 위 (1), (3)의 경우에 의한 채권자나 채무자는 배당기일부터 1주 이내에 집행법원에 대하여 배당이의의 「소를 제기한 사실을 증명」하여야 하고, (2)의 경우 청구이의의 소를 제기한 채무자는 같은 기간 내에 「소제기 사실을 증명하는 서류」와 「집행정지재판의 정본」을 제출하여야 한다. 이들 서류를 제출하지 아니하면 이의가 '취하' 된 것으로 본다(같은 조 제3항).
배당금액을 공탁(供託)할 채권	법원이 배당금액을 공탁할 채권은 다음 다섯 가지이다(제589조 제2항, 제3항). ① 정지조건 있는 채권 ② 채권확정의 소가 제기된 채권 ③ 가압류채권 ④ 이의 있는 채권 ⑤ 불출석채권에 대한 채권(제598조)	법원이 배당금액을 공탁할 채권은 다음 일곱 가지이다(제160조). ① 정지조건 또는 불확정기한이 붙어 있는 채권 ② 가압류채권 ③ 일시정지를 명한 재판정본이 제출된 채권 ④ 저당권에 가등기가 마쳐진 피담보채권 ⑤ 배당이의의 소가 제기된 채권 ⑥ 공탁청구 있는 저당권 또는 질권의 피담보채권 ⑦ 불출석한 채권자에 대한 채권

공탁금의 추가배당(追加配當)	배당이의소송의 판결이 확정되거나 취하된 경우에는 배당법원은 이에 의하여 지급 또는 다른 배당절차를 명하나(제597조), 채권자가 배당을 받을 수 없는 사정이 생긴 경우(가압류채권자가 본안소송에서 패소하거나, 불출석한 채권자가 공탁금수령을 포기하는 등)에는 (1) 배당실시는 공탁에 의하여 종료되었으므로 '채무자 또는 소유자'에게 교부한다는 견해(채무자교부실, 대법원 1979. 7. 5. 자 79마 94결정)와 (2) 배당절차가 아직 종료되지 않았으므로 '다른 채권자'에게 추가 배당한다는 견해(추가배당설, 대법원 2001. 10. 12. 선고 2001다 37613 판결)가 대립되어 있다.	채권자에 대한 배당액을 공탁한 뒤 공탁의 사유가 소멸한 때에는 법원은 공탁금을 지급하거나 공탁금에 대한 배당을 실시하여야 하나, 채권자가 이를 수령하지 못할 사유가 생긴 경우에는 다른 채권자를 위하여 추가배당한다(추가배당설). 　추가배당할 경우에는 법원은 종전의 배당표에 대하여 이의를 제기하지 아니한 채권자를 위하여서도 배당표를 바꾸어야 하고, 이 추가배당에 의해 작성된 배당표에 대하여 채무자와 채권자는 다시 배당이의를 할 수 있지만, 그 이의사유는 종전의 배당기일에서 주장할 수 없었던 사유로 한정된다(제161조).

(강제관리)

강제관리의 관리인 등에 대한 경매개시결정의 통지	강제관리개시결정이 된 부동산에 대하여 강제경매개시결정이 있는 때에는 법원사무관등은 ① 강제관리의 압류채권자, ② 관리인에게 그 취지를 통지한다(규 제146조).	강제관리개시결정이 된 부동산에 대하여 강제경매개시결정이 있는 때에는 법원사무관 등은 ① 강제관리의 압류채권자, ② 배당요구를 한 채권자, ③ 관리인에게 그 취지를 통지한다(규 제43조).
강제관리개시결정의 통지	강제관리개시결정을 한 때에는 조세채권자인 공공기관에 통지하는 규정이 없다.	강제관리개시결정을 한 때에는 법원사무관 등은 조세, 그 밖의 공과금을 주관하는 공공기관에게 교부청구할 수 있는 기회를 부여하기 위하여 그 사실을 통지하여야 한다(규 제84조).
관리인의 임명	관리인 임명 또는 면직의 결정은 관리인과 채권자, 채무자 및 수익의 지급의무를 부담하는 제3자에게 '송달' 한다(규 제162조).	관리인이 임명된 때에는 법원사무관 등이 압류채권자 등에게 그 취지를 '통지' 하는 외 (1) 법원은 강제관리개시결정과 동시에 관리인을 임명하고, (2) 신탁회사·은행·그 밖의 법인도 관리인이 될 수 있으며, (3) 법원은 관리인에게 그 임명을 증명하는 문서를 교부한다(규 제85조).

강제관리의 정지(停止)	강제관리개시결정 후에 법 제49조 제2호 또는 제4호의 서류가 제출된 경우에 아무런 규정이 없어 (1) 관리인의 직무가 정지되고 채무자의 사용수익권이 회복된다는 견해와 (2) 관리인의 관리행위는 계속하고 배당절차만이 정지된다는 견해가 대립되어 있다.	법 제49조 제2호 또는 제4호의 서류가 제출된 경우에는 (1) 배당절차를 제외한 나머지 절차는 그 당시의 상태로 계속 진행할 수 있고, (2) 절차를 속행한 관리인은 배당에 충당할 금전을 공탁하고, 그 사유를 법원에 신고하며, (3) 공탁된 금전으로 채권과 집행비용의 전부를 변제할 수 있는 경우에는 법원은 배당절차를 제외한 나머지 절차를 취소한다(규 제88조).
남을 가망이 없는 경우의 강제관리절차취소	강제관리절차에서 수익이 공과금과 관리비용을 공제하고 잉여가 없어도 취소하는 규정이 없으나, 해석상 무잉여 집행금지 원칙에 따라 「취소」한다.	수익에서 그 부동산이 부담하는 조세, 그 밖의 공과금 및 관리비용을 빼면 남을 것이 없겠다고 인정하는 때에는 법원은 강제관리절차를 「취소」한다(규 제89조).

(선박 · 항공기 · 자동차 등에 대한 강제집행)

보증제공에 의한 선박집행(船舶執行)의 취소	선박경매에서 (1) 일시정지재판이나 변제 또는 유예증서를 제출하고, 압류 및 배당요구한 채권과 집행비용을 '시간적 제한 없이' 현금공탁한 때에는 법원은 신청에 의하여 배당절차 이외의 절차를 「취소」하고, (2) 집행정지가 실효된 때에는 법원은 위 보증금을 「배당」한다(제684조의2).	선박은 압류되면 운행허가를 받지 않는 한 운행할 수 없으므로 (1) 정지서류를 제출하고 채권과 집행비용을 '매수신고전'에 '보증을 제공한 때'(종전에는 '금액을 공탁한 때')에는 법원은 신청에 의하여 배당절차 이외의 절차를 「취소」하고, (2) 집행정지가 효력을 잃은 때에는 법원은 위 보증금을 「배당」한다(제181조).
항공기집행의 평가서 사본비치	항공기에 대한 강제집행은 선박에 대한 강제집행의 예에 의한다(규 제190조).	항공기집행은 선박집행의 예에 따라 실시하되 물건명세서 및 현황조사서를 작성하지 않고 평가서만 작성하므로 법원은 매각기일(기간입찰의 방법으로 진행할 경우에는 입찰 기간의 개시일)의 1월 전까지 평가서의 사본을 법원에 비치하고 누구든지 볼 수 있도록 한다(규 제106조, 제107조).
자동차집행의 집행법원	자동차에 대한 강제집행에 관하여는 자동차등록원부에 기재된 '채무자의 주소'를 관할하는 지방법원을 집행법원으로 한다(규 제174조 제1항).	자동차집행의 집행법원은 자동차등록원부에 기재된 '사용본거지'를 관할하는 지방법원으로 한다(규 제109조).

자동차경매개시결정에 대한 즉시항고	자동차경매신청을 '각하' 하는 재판에 대하여 「즉시항고」할 수 있을 뿐이고, 자동차경매신청을 '기각' 하는 재판이나 '자동차경매개시결정' 에 대하여는 「즉시항고」할 수 없다(제603조 제5항, 규 제176조).	자동차경매신청을 '기각' 하거나 '각하' 하는 재판에 대하여 「즉시항고」할 수 있을 뿐만 아니라 '자동차경매개시결정' 에 대하여도 「즉시항고」할 수 있다(제83조 제5항, 규 제111조 제4항).
자동차평가에 대한 특례	법원은 '감정인' 에게 자동차를 평가하게 하고 그 평가액을 참작하여 최저경매가격을 정한다(제615조, 규 제173조).	법원은 자동차를 '감정인' 에게 평가하게 할 것이나, 상당하다고 인정하는 때에는 '집행관' 에게 평가하게 할 수 있다(제97조, 규 제121조).
자동차의 입찰 또는 경매 외의 매각방법	자동차는 저당권자에게 자동차의 매각을 허가하는 '양도명령' 이외에는 '입찰 또는 경매의 방법' 으로 자동차의 매각을 실시한다(규 제207조의2).	법원은 상당하다고 인정하는 때에는 채권자의 매수신청에 따라 그에게 자동차의 매각을 허가하는 '양도명령' 외에도, '입찰 또는 경매외의 방법' (수의계약 등 특별매각)으로 매각을 실시할 것을 명할 수 있다(규 제123조, 제124조).

집행정지중의 자동차매각	집행정지서류가 제출된 경우에는 집행관은 집행정지사유가 소멸될 때까지 자동차를 계속 보관한다.	집행정지서류가 제출되었다는 통지를 받은 집행관은 자동차의 가격이 크게 떨어질 염려가 있거나 그 보관에 지나치게 많은 비용이 드는 때에는 긴급 현금화하여 매각대금을 공탁한다(규 제126조).
자동차집행의 신청이 취하된 경우 등의 조치	자동차에 대한 강제집행은 부동산에 대한 강제집행의 예에 의하므로(제187조, 규 제173조), 자동차집행의 신청이 취하되거나 자동차경매절차를 취소하는 결정의 효력이 생긴 때에는 압류의 효력이 없으므로(제610조), 집행관은 자동차를 수취할 권리를 갖는 자에게 인도한다.	자동차집행의 신청이 취하된 때 또는 자동차경매절차를 취소하는 결정의 효력이 생긴 때에는 집행관에게 그 취지를 통지하여 집행관이 자동차를 수취할 권리를 갖는 자에게 인도한다. 집행관이 인도할 수 없는 때에는 집행관의 신청에 따라 자동차를 매각하여 저당권자에게 변제하고 나머지는 채무자에게 교부한다(제127조).

(유체동산에 대한 강제집행)

우 선 변 제 (優先辨濟) 의 소의 폐 지	유체동산에 대하여 강제집행이 개시된 경우, 그 목적물에 대한 점유를 갖지 아니한 물상담보권자 또는 점유를 가지고 있었으나 집행에 당하여 담보물의 인도를 거절하지 아니한 담보권자가 그 담보권의 범위에서 집행을 제한하여 우선적으로 변제받을 것을 청구하는 「우선변제의 소」를 제기할 수 있고, 법원은 이유와 소명이 있으면 '매득금의 공탁'을 명한다(제526조).	유체동산에 대한 강제집행에서 우선변제권을 주장하는 제3자는 '배당요구'를 하고 배당단계에서 우선권을 주장하는 방법을 택하고, 「우선변제의 소」가 실제로 이용되는 일은 거의 없어 이를 '폐지'한다(일본도 민사집행법의 제정시에 폐지되었다).
압류물의 보 관에 관한 조서	집행관은 채권자의 승낙이 있거나 운반이 곤란한 때에는 봉인, 기타의 방법으로 압류물임을 명확히 하여 채무자에게 보관하게 할 수 있고(제527조), 채권자 또는 물건의 제출을 거부하지 아니하는 제3자의 점유에 있는 물건도 압류할 수 있다(제528조).	집행관이 채무자·채권자 또는 제3자에게 압류물을 보관시킨 때에는 「조서」를 작성하여 보관자의 기명날인 또는 서명을 받아야 하고, 보관자로부터 압류물을 반환받은 경우에는 그 취지를 기록에 적으며, 압류물에 부족 또는 손상이 있는 때에는 그 정도와 집행관이 취한 조치를 적은 「조서」를 작성하고 보관자 아닌 압류채권자와 채무자에게 '통지'한다(규 제136조).

압류물의 인도명령을 집행한 경우의 조치	압류물을 제3자가 점유하게 된 때에는 간이한 절차에 의한 집행법원의 인도명령으로 압류물을 회수하는 절차를 마련하고 있는데(제530조 제1항), 이 경우에 인도명령을 집행한 집행관과 압류한 집행관이 직무집행구역을 달리하는 경우에 생기는 절차에 관하여는 규정하지 않는다.	인도명령을 집행한 집행관과 압류를 한 집행관이 직무집행구역을 달리하는 경우에는 전자는 후자에게 집행사실을 '통지'하고, 후자는 이를 '인수'해야 하나 과다한 비용이 든다고 인정하는 때에는 압류채권자의 의견을 들어 전자에게 사건을 '이송'할 수 있다(규 제139조).
매각가망이 없는 경우의 유체동산압류의 취소	압류는 집행력 있는 정본에 기재한 청구금액의 변제와 집행비용의 변상에 필요한 한도에서 해야 하고, 압류물을 환가하여도 집행비용외에 잉여가 없을 경우에는 집행하지 못하므로 초과압류와 무잉여압류는 취소한다(제525조 제2항, 제3항).	물건의 현금화보다 채무자에 대한 압력수단으로 집행절차를 이용하지 못하도록 집행관은 압류물에 관하여 상당한 방법으로 매각을 실시하였음에도 매각의 가망이 없는 때에는 그 압류물의 압류를 취소할 수 있다(규 제141조).
압류금지물의 범위	압류금지물로 (1) 채무자와 그 동거가족의 생활 필수품은 규정하나, (2) '장애인용 경형자동차'는 규정하지 않는다(제532조).	압류가 금지되는 물건으로 (1) '채무자의 동거가족'을 '채무자와 같이 사는 법률상·사실상관계에 의한 친족'으로 분명히 하고, (2) '장애인용 경형자동차'를 추가한다(제195조).
압류가 금지되는 월 생계비(月生計費)	채무자와 그 동거가족의 생활에 필요한 1월간의 생계비로서 '50만원'은 압류하지 못한다(제522조 제3호, 규 제114조의2).	채무자 등의 생활에 필요한 1월간의 생계비로서 '100만원'은 압류하지 못한다(제195조 제3호, 규 제143조).

동산평가서 사본의 비치	경매할 물건 중에 고가인 물건이 있는 때에는 집행관은 적당한 감정인에게 그 평가를 하게 하고(제536조), 물건을 평가한 감정인은 평가서를 소정의 기일까지 집행관에게 제출하여야 하나(규 제114조의3), 평가서의 사본을 매각기일마다 '비치'하지 않는다.	평가서가 제출된 경우, 집행관은 평가서의 사본을 매각기일마다 그 3일 전까지(부동산은 1주 전까지) 집행관사무실 또는 그 밖에 적당한 장소에 '비치'하고 누구든지 볼 수 있도록 한다 (제200조, 규 제144조 제3항).
호가경매로 매각할 동산의 열람	집행관이 경매할 유체동산을 경매기일 전에 열람하게 하거나 집행관이 그 자리에 참여하는 규정이 없다.	집행관은 호가경매기일 또는 그 기일 전에 매각할 유체동산을 보여주어야 하고, 호가경매기일 전에 일반인에게 보여주는 경우에 그 유체동산이 채무자가 점유하고 있는 건물 안에 있는 때에는 집행관은 보여주는 자리에 참여한다(규 제148조).
유체동산의 매각방법	유체동산의 매각방법은 '경매'로 한다(제535조).	유체동산의 매각방법은 원칙적으로 '호가경매'에 의하고, '입찰'의 방법으로도 할 수 있다(제199조). 집행관이 실시하는 유체동산의 입찰은 부동산의 입찰에 관한 규정과 유체동산의 호가경매에 관한 규정을 준용한다(규 제151조).

협의(協議)에 따른 배당	채권자가 배당협의기일통지서를 받고 배당협의기일까지 이의를 제기하지 아니한 때에는 배당계산서를 따라 배당하는 것에 동의한 것으로 보고 그 협의에 따라 배당을 실시한다(규 제122조 제5항, 제6항).	집행관은 배당협의기일까지 채권자 사이에 배당협의가 이루어진 때에는 그 협의에 따라 배당을 실시하고, 배당계산서와 다른 협의가 이루어진 때에는 그 협의에 따라 배당계산서를 다시 작성한다(규제155조 제3항). 배당협의기일까지 이의를 제기하지 아니한 때에는 배당에 동의한 것으로 본다는 규정은 '삭제'되었다.
동산집행절차에서의 채무자의 배당이의(配當異議)	배당이의는 부동산배당절차에만 규정되어 있고 동산배당절차에는 규정이 없는데, 부동산배당절차는 동산배당절차에 관한 규정을 '준용'하므로(제658조), 동산배당절차에서는 채무자는 「배당이의」를 할 수 없다.	부동산배당절차에는 배당이의에 관한 규정이 있고, 동산배당절차는 부동산배당절차에 관한 규정을 '준용'하므로(제256조), 동산배당절차에서도 채무자는 「배당이의」를 할 수 있다(제151조).

(채권과 그 밖의 재산권에 대한 강제집행)

채권가압류에서 이전되는 채권압류의 집행법원	관할법원은 (1) 채권가압류는, '가압류할 물건의 소재지를 관할하는 지방법원'이나 '본안의 관할법원'이고(제698조), (2) 채권압류는 '채무자의 보통재판적소재지의 지방법원'이고, 그 법원이 없는 경우에는 '제3채무자의 보통재판적소재지의 지방법원'인데, 가압류에서 전이(轉移)되는 채권압류의 경우에도 또한 같다(제558조).	채권압류의 집행법원은 '채무자의 보통재판적이 있는 곳의 지방법원'이나 가압류에서 이전(移轉)되는 채권압류의 경우에는 집행채권자의 편의를 도모하기 위하여 '가압류법원'을 집행법원으로 한다(제224조).
가집행면제(假執行免除)의 선고와 전부명령	가집행면제의 선고가 있는 경우, '추심명령'만 할 수 있고 '전부명령'은 할 수 없다(제568조). 　민사소송법이 1990년에 일부 개정되기 전에는 전부명령에 대한 불복절차가 없었으므로 가집행면제를 받은 채무자가 '전부명령'을 저지할 방법이 없었다.	가집행면제의 선고가 있는 경우, 압류한 금전채무에 대하여 '추심명령'만 할 수 있는 규정을 '삭제'하여 '추심명령' 뿐만 아니라 '전부명령'도 할 수 있다.

유체동산청구권에 대한 추심명령신설	유체동산에 관한 청구권에 대하여는 그 동산을 채권자의 위임을 받은 집행관에게 인도할 것을 명하고, 위 유체동산의 환가에 대하여는 압류유체동산의 환가에 관한 규정을 적용한다 (제576조).	채무자의 책임재산 중 하나인 유체동산청구권의 강제집행의 방법은 먼저 청구권의 내용을 실현하여 채무자에게 귀속시킨 후(다만, 인도나 권리이전의 상대방은 채권자의 위임을 받은 집행관이다), 그 유체동산 자체에 대하여 강제집행을 실시한다. 따라서 제3채무자가 임의이행하지 않으면, 채권자는 그 이행을 구하기 위하여 「추심명령」을 신청하고, 제3채무자를 상대로 「추심의 소」를 제기하여, 그 판결에 기하여 실현한다(제243조).
저당권이전등기 등의 촉탁을 신청할 때 제출할 문서 등	저당권 있는 채권을 압류하거나 저당권 있는 채권에 관하여 전부명령이 있는 경우에는 채권자는 채권압류 또는 저당권이전등기를 신청할 수 있고, 법원은 소유자에게 압류명령 등이 송달된 후 등기촉탁한다(제562조, 제563조의2). 저당권이전등기 등의 촉탁을 신청할 때 제출할 문서와 이 경우 제3채무자에 대한 진술신청에 대하여는 규정이 없다.	전부명령 또는 양도명령이 확정된 경우에 저당권이전등기 등의 촉탁을 신청할 때에는 기록상 분명한 경우가 아니면 압류된 채권에 관하여 위 명령이 제3채무자에게 송달될 때까지 다른 압류 또는 가압류의 집행이 없다는 사실을 증명하는 문서를 제출하여야 하고, 이를 제출하기 어려운 사정이 있는 때에는 제3채무자로 하여금 이를 진술하도록 법원에 신청할 수 있다 (규 제168조).

제3채무자의 공탁	제3채무자는 채권집행에서 '배당요구'가 있어 채권자가 경합한 경우에 권리로서 집행공탁할 수 있다(제581조 제1항). 다만, 해석상 '중복압류'가 있는 경우에도 유추 적용한다. 배당에 참가한 채권자의 공탁청구가 있는 경우에는 제3채무자에게 공탁의무가 발생한다(제581조 제2항). 다만, 해석상압류·가압류채권자의 청구가 있는 경우에도 유추 적용한다.	채권을 압류한 경우에〔가압류한 경우에도 준용한다(제291조)〕, 제3채무자는 압류가 경합하지 아니하더라도 '압류채권상당액' 또는 '채권전액'을 권리로서 공탁할 수 있고(제248조 제1항), 배당요구 채권자의 공탁청구가 있는 경우뿐만 아니라 압류·가압류채권자의 청구가 있는 경우에도 제3채무자에게 공탁의무가 발생한다(제248조 제3항).
사유신고할 법원	복수의 압류명령이 서로 다른 법원에 의하여 발하여져 압류가 경합된 경우에는 사유신고할 법원에 관한 규정이 없어 실무상 어느 법원에 사유신고서를 제출하여도 무방하다. 다만, 가압류와 본압류가 경합한 경우에는 '본압류를 한 법원'에 사유신고한다.	압류된 채권에 관하여 다시 압류명령 또는 가압류명령이 송달된 경우에 제3채무자의 공탁사유신고는 '먼저 송달된 압류명령을 발령한 법원'에 한다(규 제172조 제3항).

(금전채권 외의 채권에 기초한 강제집행)

인도집행종료의 통지	동산이나 부동산 등의 인도집행을 마친 때에는 집행관은 채무자에게 통지하는 규정이 없다.	집행관이 동산인도집행을 마친 때 또는 부동산이나 선박에 대한 인도집행을 마친 때에는 그 취지를 채무자에게 통지한다 (규 제187조).
부동산 등 인도청구의 집행조서	집행관이 민사집행을 실시한 때에는 집행조서를 작성하고 (규 제10조 제1항), 민사집행조서에 「기재할 사항」으로 '실시한 집행의 내용' 등을 규정한다 (제102조 제2항, 제3항, 규 제6조).	집행관이 부동산이나 선박을 인도집행할 때에 강제집행의 목적물 아닌 동산을 채무자의 대리인 등에게 인도하거나, 이들에게 인도할 수 없어 집행관이 보관한 취지와 보관한 동산의 표시를 「기재사항」으로 '추가'한다 (규 제189조).

제3편 담보권실행 등을 위한 경매

압류채권자 승계의 통지	강제집행개시 후 신청채권자의 승계가 있는 경우에 승계집행문을 제출하면 이를 채무자에게「통지」하여야 하나(규칙 제106조의2), 임의경매개시 후 압류채권자의 승계가 있는 경우에 승계사실을 증명하는 서류를 제출하여도 이를 채무자와 소유자에게「통지」하는 규정이 없다.	강제집행개시 후 신청채권자의 승계가 있는 경우뿐만 아니라 임의경매 개시 후 압류채권자의 승계가 있는 경우에 승계사실을 증명하는 서류를 제출하면 법원사무관 등 또는 집행관은 집행이의로 다툴 수 있는 기회를 부여하기 위하여 채무자와 소유자에게 그 사실을「통지」한다(규 제23조, 제193조).
집행취소결정에 대한 불복방법 (不服方法)	집행절차를 취소하는 결정에 대하여는「즉시항고」할 수 있지만 취소결정은 '확정' 되어야 효력이 있고(제504조의2), 집행취소서류의 제출에 의한 집행처분의 취소결정에 대하여 (1) 강제경매는「즉시항고」에 의한 불복은 허용하지 않으나(제511조 제2항), (2) 임의경매는「즉시항고」에 의하여 불복할 수 있다(제726조 제3항).	집행절차를 취소하는 결정에 대하여는「즉시항고」할 수 있지만 취소결정은 '확정' 되어야 효력을 가지고(제17조), 집행취소서류의 제출에 의한 집행취소결정에 대하여 강제경매와 임의경매를 구별할 필요가 없으므로 임의경매도 강제경매와 같이「즉시항고」로 불복할 수 없다(제50조 제2항, 제266조 제3항). 　따라서 이 경우에 불복하려면「집행에 관한 이의」를 신청하여야 할 것이다(제16조).

| 유치권 등에 의한 경매 | 경매를 강제경매 및 담보권실행경매 등「실질적 경매」와 유치권에 의한 경매 및 기타 법률에 의한 경매 등「형식적 경매」로 나누면 형식적 경매는 임의경매의 예에 의하여 실시한다.

유치권에 의한 경매는 강제경매 또는 임의경매가 개시되면 '정지' 하고 강제경매 또는 임의경매를 진행하나, 강제경매 또는 임의경매가 취소되면 유치권에 의한 경매절차를 '속행' 한다(제734조). | 형식적 경매 중 유치권에 의한 경매와 그 밖의 형식적 경매를 구별할 필요가 없으므로 실질적 경매가 개시되면 형식적 경매는 '정지' 되고, 실질적 경매가 취소되면 형식적 경매는 '속행' 하는데, 이 경우의 형식적 경매는 종전과는 달리 유치권에 의한 경매뿐만 아니라 그 밖의 형식적경매에도 적용된다(제274조). |

제4편　보전처분

가압류신청 채권의 적격 (適格)	「가압류의 피보전채권(被保全債權)」에 관하여 '기한부채권'만 규정하고, '조건부채권'에 관하여는 아무런 규정이 없다(제696조 제2항). 　그러나 '정지조건 있는 채권'의 배당액은 공탁하고, 조건의 성부에 의하여 지급하거나 재배당한다(제589조 제2항).	가압류는 금전채권이나 금전으로 환산할 수 있는 채권의 '집행(執行)을 보전(保全)하기 위하여' 미리 채무자의 재산에 대한 처분권을 잠정적으로 빼앗는 제도인데(제276조 제1항), '기한부채권' 뿐만 아니라 그 성질이 비슷한 '조건부채권'의 집행보전을 위해서도 「가압류」할 수 있다(같은 조 제2항).
절대적 가압류 사유(絶對的 假押留 事由)의 삭제	가압류 사유는 (1) 판결의 집행을 할 수 없거나, (2) 판결의 집행이 현저히 곤란한 염려가 있을 때, (3) 특히 '외국에서 판결의 집행을 할 경우'이다(제697조). 　'외국에서 판결의 집행을 할 경우'는 어떤 채권에 의하든지 다른 사유의 심사없이 항상 가압류할 수 있는 「절대적 가압류 사유」이다.	가압류는 이를 하지 아니하면 판결을 집행할 수 없거나 판결을 집행하는 것이 매우 곤란할 염려가 있을 경우에만 할 수 있고(제277조), 「절대적 가압류사유」인 '외국에서 판결을 집행을 할 경우'를 '삭제'한다. 　절대적 가압류사유를 삭제한 것은 국내에서의 경제활동이 부당하게 위축되고, 가처분과의 균형이 맞지 않기 때문이다.

기각 · 각하 결정에 대한 즉시항고 (卽時抗告)	가압류신청을 기각 또는 각하는 결정에 대한 불복방법에 관하여 아무런 규정을 두지 않고 있으므로 채권자는 「통상항고」로 불복할 수 있는 것으로 해석한다. 통상항고는 항고기간의 제한 없이 항고의 이익이 있는 한 언제라도 제기할 수 있다. 가압류신청을 기각하거나 담보를 제공하는 재판은 채무자에게 통지함을 요하지 아니한다(제701조 제2항).	가압류신청을 기각하거나 각하하는 결정에 대하여 보전소송의 특성에 맞추어 「즉시항고」를 할 수 있다(제281조 제2항). 따라서 (1) 가압류의 신청을 기각하거나 각하는 재판과 (2) 담보를 제공하게 하는 재판뿐만 아니라, (3) 가압류신청의 기각 · 각하결정에 대한 즉시항고를 기각 · 각하하는 재판도 채무자에게 '고지' 할 필요가 없다(같은 조 제3항).
보전이의사건의 이송 (移送)	보전처분의 관할법원과 본안사건의 관할법원이 반드시 일치하지 아니하므로 재판결과가 다르게 나올 위험이 있으나, 보전이의 소송과 본안소송 사이에 「이송」을 허용하는 규정이 없다.	가압류 · 가처분법원은 현저한 손해 또는 지연을 피하기 위한 필요가 있는 때에는 직권 또는 당사자의 신청에 따른 결정으로 보전처분이의사건을 본안소송이 계속중인 법원으로 「이송」할 수 있다. 다만, 그 법원이 심급을 달리하는 경우에는 그러하지 아니하다(제284조).
이의신청의 취하(取下)	보전명령(保全命令)에 대하여 채무자는 언제라도 이의신청을 할 수 있는데, 이의신청을 「취하」할 수 있는지에 관하여 아무런 규정을 두지 않고 있다. 그러나 판례는, 채무자는 채권	보전명령에 대하여 이의신청한 채무자는 채권자의 동의가 없어도 종국판결이 선고되기 전까지 이의신청을 「취하」할 수 있다. 가압류이의신청의 취하는 서면으로 하여야 하나, 변론 또는 변

	자의 동의없이 이의신청의 「취하」를 인정한다(대법원 1957. 7. 4. 선고 4289민상 618 판결).	론준비기일에서는 말로 할 수 있다(제285조). 신청취하의 효력을 다투는 경우에는 민사소송규칙 제67조 제1항 내지 제3항을 준용한다(규 제205조).
제 소 명 령 (提訴命令) 과 제소기간 도과로 인한 보전처분의 취소	가압류법원은 채무자의신청에 의하여 변론없이 '상당한 기간(보통 7일)' 내에 소를 제기할 것을 채권자에게 명하고, 채권자가 제소기간 내에 소를 제기하지 아니하면 가압류법원은 채무자의 신청에 의하여 변론을 거쳐 '종국판결'로 가압류를「취소」한다(제705조). 본안의 소는 보전처분취소사건의 '사실심 변론종결시' 까지 제기하면 된다(대법원 2001. 4. 10. 선고 99다 49170 판결).	가압류법원은 채무자의 신청에 의하여 변론없이 '2주 이상' 의 기간을 정하여 본안의 소를 제기하고, 이를 증명하는 서류를 제출할 것을 채권자에 명하고, 채권자가 제소기간 내에 소를 제기하고 이를 증명하는 서류를 제출하지 아니하면 법원은 채무자의 신청에 의하여 '결정' 으로 가압류를「취소」한다(제287조). 제기기간 내에 소를 제기하여도 위 기간 내에 '제소증명서류'를 제출하지 아니하면 가압류를 취소한다(대법원 2003. 6. 18.자 2003마 793 결정). 기간준수의 기산점을 명확히 하기 위하여 제소명령을 '송달방법' 으로 채권자에게 고지한다(규 제206조 제1항).

본안의 소미제기(未提起)에 따른 보전처분의 취소	보전처분집행 후 '10년간' 본안의 소를 제기하지 아니한 때에는, 가압류법원은 채무자 또는 이해관계인의 신청에 의하여 '종국판결'로 보전처분을 「취소」한다(제706조 제2항).	보전처분이 집행된 뒤에 '5년간' 본안의 소를 제기하지 아니하면 가압류법원은 채무자 또는 이해관계인의 신청에 의하여 '결정'으로 보전처분을 「취소」하고, 이 결정에 대하여는 쌍방당사자가 즉시항고로 불복할 수 있으나 이 즉시항고는 집행정지의 효력의 인정하지 아니한다(제288조 제4항, 제5항). 기간도과로 인한 보전처분취소신청의 경우에 그 신청서부본을 채권자에게 송달한다(규 제206조 제2항).
보전처분취소재판의 효력정지(效力停止)	보전처분에 대한 채무자의 이의, 상소 또는 취소신청을 받아들여 가집행의선고가 붙은 보전처분취소판결이 선고되면, 가집행의 효력에 의하여 채무자는 즉시 그 보전처분의 집행을 취소시킬 수 있는데, 이 경우에 채권자가 위 취소판결에 대하여 상소하면서 그 취소판결의 집행을 정지시킬 수 있는가에 관하여 아무런 규정이 없고, 판례는 집행정지명령을 할 수 없다고 하였다(대법원1969. 12. 12.자 69그 19 결정).	가집행선고부 보전처분 취소판결에 대하여 상소의제기가 있거나 보전처분취소결정에 대하여 즉시항고가 제기된 경우에 불복의 이유로 주장한 사유가 법률상 정당한 이유가 있다고 인정되고 사실에 대한소명이 있으며 그 가집행에 의하여 회복할 수 없는 손해가 생길 위험이 있다는 데에 대한 소명이 있으면 법원은 당사자의 신청에 의하여 위 취소재판의집행을 「정지」시킬 수 있다(제289조).

보전처분의 집 행 기 간 (執行期間)	보전명령이 (1) 결정인 경우에는 채권자가 '결정서를 송달받은 날'로부터, (2) 판결인 경우에는, '선고일'로부터 각 14일 안에 집행하여야 한다(제708조 제2항).	집행기간 2주가 실질적으로 확보될 수 있도록 집행기간 2주는 판결인 경우에도 '선고일'로부터 기산하지 않고, '판결이 송달된 날'부터 기산한다(제292조 제2항).
선박가압류 (船舶假押留)의 집행 방법	선박에 대한 가압류집행은 가압류 당시의 정박항에 정박하게 해야 하고, 법원은 채권자의 신청에 의하여 선박을 감수와 보존하기 위하여 필요한 처분을 할 수 있다(제712조).	선박가압류의 집행은 (1) '가압류등기'를 하는 방법이나, (2) '선박국적증서 등을 제출'하는 방법 중 어느 하나에 의하거나, 위 두 가지 방법을 함께 사용할 수 있다(제295조). 종전의 '정박명령'과 '감수·보존처분'은 삭제되었지만, 가압류집행은 본집행을 준용하므로 '감수·보존처분'은 할 수 있다(제178조 제1항, 제291조).
제3채무자의 공탁	제3채무자의 가압류채권에 대한 공탁에 관한 규정은 없으나, 해석상 제3채무자는 가압류된 채권을 채무자를 피공탁자로 하여 「변제공탁」할 수 있고, 이 때 가압류의 효력은 '채무자의 출급청구권(出給請求權)'에 대하여 존속한 것으로 본다(대법원 1994. 12. 13. 선고 93다951 판결).	금전채권을 가압류한 경우에 제3채무자는 가압류된 채권액 또는 채권액 전액을 권리공탁할 수 있고(「집행공탁」이나 「변제공탁」의 성질로 가진다), 이 경우의 채권가압류의 효력은 가압류된 채권액에 해당하는 공탁금액에 대한 '채무자의 출급청구권'에 대하여 존속한다(제297조).

보전처분취소재판의 취소와 집행(執行)	상급심에서 가집행의 선고가 붙은 보전처분취소판결을 취소·변경하는 때에는 그 상급심의 재판으로 인하여 확정을 기다리지 않고 그 즉시 보전처분취소판결의 가집행선고가 그 한도에서 효력을 '상실'하게 되나, 새로이 필요한 보전처분의 집행에 관하여 아무런 규정이 없다.	상급심에서 가집행의 선고가 붙은 보전처분취소의 재판을 취소·변경함으로써 그 보전처분의 관하여 새로운 집행이 필요하게 된 때에는 그 상급심법원이 '직권'으로 「집행」한다. 다만, 대법원은 채권자의 신청에 따라 '제1심 법원'이 보전처분을 「집행」한다(제298조).
가처분의 관할법원(管轄法院)	가처분의 관할법원은 (1) 원칙적으로 '본안의 관할법원'으로 하고(제717조), (2) 예외적으로 급박한 경우에 '계쟁물소재지의 법원'이 관할법원이 된다(제721조). 계쟁물소재지 법원의 재판은 본안의 관할법원에 의하여 재심사될 것을 전제로 하는 것으로서 잠정적·일시적인 것에 불과하다.	'다툼의 대상이 있는 곳을 관할하는 지방법원'도 '본안의 관할법원'과 함께 가처분사건의 일반적 관할법원으로 한다(제303조). 따라서 가압류와 가처분의 관할법원이 같게 되었다(제278조).
기타 재산권에 대한 가압류의 관할법원	가압류는 (1) '가압류할 물건이 있는 곳을 관할하는 지방법원'이나 (2) '본안의 관할법원'이 관할한다(제698조).	권리이전에 등기 또는 등록이 필요한 그 밖의 재산권에 대한 가압류는 (1) '등기 또는 등록을 하는 곳을 관할하는 지방법원'이나 (2) '본안의 관할법원'이 관할한다(규 제213조 제1항). 즉 '물건이 있는 곳을 관할하

		는 지방법원'을 '등기 또는 등록을 하는 곳을 관할하는 지방법원'으로 한다.
기타 재산권에 대한 가처분의 관할법원	가처분은 '본안의 관할법원'이 관할한다(제717조 제1항).	가처분은 (1) '본안의 관할법원'이나, (2) '다툼의 대상이 있는 곳을 관할하는 지방법원'이 관할한다(제303조). 권리이전에 등기 또는 등록이 필요한 그 밖의 재산권에 대한 가처분은 '등기 또는 등록을 하는 곳을 관할하는 지방법원'을 '다툼의 대상이 있는 곳을 관할하는 지방법원'으로 한다 (규 제216조).
가처분의 심리절차 (審理節次)	가처분의 재판은 원칙적으로 변론을 열어 심리하되, 급박한 사정이 있으면 변론 없이 할 수 있고(제717조 제2항), 건물의 명도 또는 철거를 명하는 가처분의 재판에는 반드시 당사자의 변론이 있어야 한다(제718조).	가처분절차에서 급박한 경우 외에는 원칙적으로 변론을 거치도록 한 규정과 건물의 명도와 철거를 명하는 재판의 필요적 변론을 거치도록 한 규정을 모두 '삭제'하고, 법원이 자유로이 심리방법을 정할 수 있도록 한다. 다만, 임시의 지위를 정하기 위한 가처분은 구두변론 또는 채무자가 참석할 수 있는 심문기일을 여는 것을 원칙으로 한다 (제304조).

법인임원의 직무집행정지(職務執行停止) 등 가처분	상법상 '주식회사'와 '유한회사'의 이사·감사 또는 청산인에 대하여 직무집행정지나 직무대행자를 선임한 때 또는 그 처분을 변경하거나 취소한 때, 제1심 수소법원은 회사의 본점과 지점소재지의 등기소에 그 등기를 촉탁한다(비송사건절차법 제107조 제5호).	주식회사·유한회사뿐만 아니라 '민법상 법인'과 '합자회사'·'합명회사'에 대하여도 직무집행정지·직무대행자선임 가처분을 등기사항으로 명시하고, 그 직무대행자의 권한을 '통상의 업무'로 제한한다(제306조, 부칙 제6조, 민법 제52조의2, 제60조의2, 상법 제183조의2, 제200조의2, 제265조).
가처분취소와 원상회복(原狀回復)	명도단행가처분, 치료 비임시지급가처분과 같은 만족적 가처분의 명령에 의하여 채무자가 채권자에게 물건을 인도하거나 금전을 지급한 후에 그 가처분을 취소한 경우에 있어서, 채무자가 채권자로부터 그 물건이나 금전을 반환받는 방법이 없어서 결국 일반원칙에 따라 채권자를 상대로 '부당이득' 등을 이유로 그 반환을 구하는 소를 제기할 수밖에 없다.	가처분명령에 터 잡아 채권자가 물건을 인도받거나 물건을 사용·보관하고 있는 경우에는, 법원은 가처분명령을 취소하는 재판에 있어서 채무자의 신청에 의하여 그 취소의 재판과 동시에 그 물건이나 금전의 '반환'을 명할 수 있다(제308조). 이 경우 원상회복의 대상은 가지급물반환의 경우(민사소송법 제215조)와 달리 채무자로부터 채권자에게 인도 또는 지급되었던 물건이나 금전에 한정되고, '손해배상'은 인정되지 않는다.

가처분에 대한 불복과 집행정지 (執行停止)	보전명령은 당연히 집행력이 있고, 이의 또는 상소로 불복하더라도 집행이 정지되지 아니하는데(제703조 제3항), 가처분명령에 대하여 불복신청을 한 경우 상소의 제기로 인한 집행정지에 관한 민사소송법의 규정(제474조, 제473조)을 준용 또는 유추 적용하여 가처분을 「정지」시킬 수 있는가라는 문제는, 판례는 이를 ‘긍정’하고 있다(대법원1997. 3. 19.자 97그 7 결정).	가처분의 내용이 소송물인 권리 또는 법률관계의 내용이 이행된 것과 같은 ‘종국적인 만족’을 얻게 하는 경우에 (1) 이의신청 또는 상소가 제기되고, (2) 법률상 ‘정당한 이유’가 있다고 인정되고 ‘소명’이 있으며, (3) 가처분의 집행으로 채무자에게 회복할 수 없는 손해가 생길 위험이 있다는 사실에 대하여 ‘소명’이 있으면, (4) 당사자의 신청에 의하여 법원은 「가처분의 집행정지나 취소」를 명할 수 있다. 　소명은 보증금을 공탁하거나 주장이 진실함을 선서하는 방법으로 대신할 수 없다(제309조).

民事執行法 新·舊條文 對比表

(민사집행법 조문 순서를 중심으로)

구 민사소송법	민사집행법	구 민사소송법	민사집행법
신설	1조	481조	31조
492조	2조	482조	32조
503조	3조	483조	33조
491조의3	4조	484조	34조
496조	5조	485조	35조
497조	6조	486조	36조
신설	7조	487조	37조
499조	8조	488조	38조
498조	9조	490조	39조
500조	10조	491조	40조
501조	11조	491조의2	41조
502조	12조	494조	42조
신설	13조	495조	43조
신설	14조	505조	44조
517조	15조	506조	45조
504조	16조	507조	46조
504조의2	17조	508조	47조
513조의2	18조	509조	48조
475조	19조	510조	49조
514조	20조	511조	50조
524조	21조	511조의2	51조
신설	22조	512조	52조
신설	23조	513조	53조
469조	24조	515조	54조
470조	25조	516조	55조
476조	26조	519조	56조
477조	27조	520조	57조
478조	28조	521조	58조
479조	29조	522조	59조
480조	30조	523조	60조

구 민사소송법	민사집행법	구 민사소송법	민사집행법
524조의2	61조	612조	95조
524조의3	62조	613조	96조
524조의4	63조	615조	97조
524조의5	64조	615조의2	98조
524조의6	65조	신설	99조
신설	66조	신설	100조
524조의7	67조	신설	101조
524조의8	68조	616조	102조
신설	69조	신설	103조
524조의9	70조	617조	104조
524조의10	71조	617조의2	105조
524조의11	72조	618조	106조
524조의12	73조	619조	107조
신설	74조	619조의2	108조
신설	75조	620조	109조
524조의8	76조	622조	110조
신설	77조	623조	111조
599조	78조	624조	112조
600조	79조	625조	113조
601조	80조	626조의2	114조
602조	81조	627조	115조
신설	82조	628조	116조
603조	83조	629조	117조
신설	84조	630조	118조
603조의2	85조	631조	119조
603조의3	86조	632조	120조
604조	87조	633조	121조
605조	88조	634조	122조
606조	89조	635조	123조
607조	90조	636조	124조
608조	91조	637조	125조
609조	92조	638조	126조
610조	93조	639조	127조
611조	94조	640조	128조

구 민사소송법	민사집행법	구 민사소송법	민사집행법
641조	129조	667조	163조
642조	130조	668조	164조
643조	131조	671조	165조
644조	132조	672조	166조
645조	133조	673조	167조
646조	134조	674조	168조
646조의2	135조	675조	169조
647조	136조	676조	170조
647조의2	137조	677조	171조
648조	138조	678조	172조
649조	139조	679조	173조
650조	140조	679조의2	174조
651조	141조	679조의3	175조
654조	142조	680조	176조
660조	143조	681조	177조
661조	144조	682조	178조
652조	145조	683조	179조
654조의2	146조	684조	180조
655조	147조	684조의2	181조
신설	148조	684조의3	182조
656조	149조	신설	183조
657조	150조	685조	184조
659조	151조	687조	185조
590조	152조	688조	186조
591조	153조	688조의2	187조
신설	154조	525조	188조
593조	155조	527조	189조
594조	156조	527조의2	190조
595조	157조	528조	191조
596조	158조	529조	192조
598조	159조	530조	193조
신설	160조	531조	194조
신설	161조	532조	195조
662조	162조	533조	196조

구 민사소송법	민사집행법	구 민사소송법	민사집행법
신설	197조	563조의2	230조
534조	198조	564조	231조
535조	199조	565조	232조
536조	200조	566조	233조
537조	201조	567조	234조
538조	202조	568조	(삭제)
539조	203조	568조의2	235조
539조의2	204조	569조	236조
540조	205조	570조	237조
540조의2	206조	571조	238조
541조	207조	572조	239조
542조	208조	573조	240조
543조	209조	574조	241조
544조	210조	575조	242조
545조	211조	576조	243조
546조	212조	577조	244조
547조	213조	578조	245조
548조	214조	579조	246조
549조	215조	579조의2	246조 2항
550조	(삭제 1990.1.13.)	580조	247조
551조	216조	581조	248조
552조	217조	582조	249조
553조	218조	583조	250조
554조	219조	584조	251조
555조	220조	585조	252조
555조의2	221조	586조	253조
556조	222조	587조	254조
557조	223조	588조	255조
558조	224조	신설	256조
559조	225조	689조	257조
560조	226조	690조	258조
561조	227조	691조	259조
562조	228조	692조	260조
563조	229조	693조	261조

구 민사소송법	민사집행법	구 민사소송법	민사집행법
694조	262조	706조	288조
695조	263조	신설	289조
724조	264조	신설	290조
725조	265조	707조	291조
726조	266조	708조	292조
727조	267조	710조	293조
728조	268조	711조	294조
729조	269조	712조	295조
730조	270조	709조	296조
731조	271조	신설	297조
732조	272조	신설	298조
733조	273조	713조	299조
734조	274조	714조	300조
735조	275조	715조	301조
696조	276조	716조	302조
697조	277조	717조	303조
698조	278조	신설	304조
699조	279조	719조	305조
700조	280조	신설	306조
701조	281조	720조	307조
702조	282조	신설	308조
703조	283조	신설	309조
신설	284조	신설	310조
신설	285조	722조	311조
704조	286조	723조	312조
705조	287조	부칙	부칙

(민사소송법 조문 순서를 중심으로)

구 민사소송법	민사집행법	구 민사소송법	민사집행법
476조	26조	신설	14조
477조	27조	503조	3조
478조	28조	504조	16조
479조	29조	504조의2	17조
480조	30조	505조	44조
481조	31조	506조	45조
482조	32조	507조	46조
483조	33조	508조	47조
484조	34조	509조	48조
485조	35조	510조	49조
486조	36조	511조	50조
487조	37조	511조의2	51조
488조	38조	512조	52조
489조	삭제	513조	53조
490조	39조	513조의2	18조
491조	40조	514조	20조
491조의2	41조	515조	54조
491조의3	4조	516조	55조
492조	2조	517조	15조
494조	42조	519조	56조
495조	43조	520조	57조
496조	5조	521조	58조
497조	6조	522조	59조
신설	7조	523조	60조
498조	9조	524조	21조
499조	8조	524조의2	61조
500조	10조	524조의3	62조
501조	11조	524조의4	63조
502조	12조	524조의5	64조
신설	13조	524조의6	65조

구 민사소송법	민사집행법	구 민사소송법	민사집행법
신설	66조	543조	209조
524조의7	67조	544조	210조
524조의8	68조	545조	211조
신설	69조	546조	212조
524조의9	70조	547조	213조
524조의10	71조	548조	214조
524조의11	72조	549조	215조
524조의12	73조	551조	216조
신설	74조	552조	217조
신설	75조	553조	218조
신설	76조	554조	219조
신설	77조	555조	220조
525조	188조	555조의2	221조
526조	삭제	556조	222조
527조	189조	557조	223조
527조의2	190조	558조	224조
528조	191조	559조	225조
529조	192조	560조	226조
530조	193조	561조	227조
531조	194조	562조	228조
532조	195조	563조	229조
533조	196조	563조의2	230조
신설	197조	564조	231조
534조	198조	565조	232조
535조	199조	566조	233조
536조	200조	567조	234조
537조	201조	568조	삭제
538조	202조	568조의2	235조
539조	203조	569조	236조
539조의2	204조	570조	237조
540조	205조	571조	238조
540조의2	206조	572조	239조
541조	207조	573조	240조
542조	208조	574조	241조

구 민사소송법	민사집행법	구 민사소송법	민사집행법
575조	242조	603조	83조
576조	243조	603조의2	85조
577조	244조	603조의2	86조
578조	245조	604조	87조
579조	246조	605조	88조
579조의2	246조	606조	89조
580조	247조	607조	90조
581조	248조	608조	91조
582조	249조	609조	92조
583조	250조	610조	93조
584조	251조	611조	94조
585조	252조	612조	95조
586조	253조	613조	96조
587조	254조	614조	삭제
588조	255조	615조	97조
신설	256조	615조의2	98조
589조	삭제	신설	99조
590조	152조	신설	100조
591조	153조	신설	101조
592조	삭제	616조	102조
신설	154조	신설	103조
593조	155조	617조	104조
594조	156조	617조의2	150조
595조	157조	618조	106조
596조	158조	619조	107조
597조	삭제	619조의2	108조
598조	159조	620조	109조
신설	160조	621조	삭제
신설	161조	622조	110조
599조	78조	623조	111조
600조	79조	624조	112조
601조	80조	625조	113조
602조	81조	626조	삭제
신설	82조	626조의2	114조

구 민사소송법	민사집행법	구 민사소송법	민사집행법
627조	115조	657조	150조
628조	116조	658조	삭제
629조	117조	659조	151조
630조	118조	660조	143조
631조	119조	661조	144조
632조	120조	662조	162조
633조	121조	663조	삭제
634조	122조	664조	삭제
635조	123조	665조	삭제
636조	124조	666조	삭제
637조	125조	667조	163조
638조	126조	668조	164조
639조	127조	671조	165조
640조	128조	672조	166조
641조	129조	673조	167조
642조	130조	674조	168조
643조	131조	675조	169조
644조	132조	676조	170조
645조	133조	677조	171조
646조	134조	678조	172조
646조의2	135조	679조	173조
647조	136조	679조의2	174조
647조의2	137조	679조의3	175조
648조	138조	680조	176조
649조	139조	681조	177조
650조	140조	682조	178조
651조	141조	683조	179조
652조	145조	684조	180조
653조	84조	684조의2	181조
654조	142조	684조의3	182조
654조의2	146조	신설	183조
655조	147조	685조	184조
신설	148조	686조	삭제
656조	149조	687조	185조

구 민사소송법	민사집행법	구 민사소송법	민사집행법
688조	186조	711조	294조
688조의2	187조	712조	295조
689조	257조	713조	299조
690조	258조	714조	300조
691조	259조	715조	301조
692조	260조	716조	302조
693조	261조	717조	303조
694조	262조	신설	304조
695조	263조	718조	삭제
696조	276조	719조	305조
697조	277조	신설	306조
698조	278조	720조	307조
699조	279조	신설	308조
700조	280조	신설	309조
701조	281조	신설	310조
702조	282조	721조	삭제
703조	283조	722조	311조
신설	284조	723조	312조
신설	285조	724조	264조
704조	286조	725조	265조
705조	287조	726조	266조
706조	288조	727조	267조
신설	289조	728조	268조
신설	290조	729조	269조
707조	291조	730조	270조
708조	292조	731조	271조
709조	296조	732조	272조
신설	297조	733조	273조
신설	298조	734조	274조
710조	293조	735조	275조

재산조회규칙

대법원규칙 제1765호 (2002. 6. 28.)

제1조 【목적】 이 규칙은 민사집행법(다음부터 "법"이라 한다) 제74조의 규정에 의한 재산조회의 비용과 전자통신매체를 사용한 재산조회절차, 재산조회결과의 관리에 관하여 필요한 사항 및 법이 위임한 사항을 정함으로써 재산조회 신청사건을 신속하고 효율적으로 처리하고, 재산조회결과가 강제집행 이외의 목적으로 사용되는 것을 방지함을 목적으로 한다.

제2조 【재산조회시스템】 ① 법원행정처장은 대법원 웹서버에 인터넷을 이용하여 접속이 가능한 재산조회시스템(다음부터 "재산조회시스템"이라 한다)을 설치 · 운영하여야 한다.

② 별표 "기관 · 단체"란의 기관 또는 단체의 장 및 별표 순번 5 내지 15 기재 "기관 · 단체"란의 금융기관이 회원사, 가맹사 등으로 되어 있는 중앙회 · 연합회 · 협회 등(다음부터 "협회 등"이라 한다)의 장(다음부터 "조회대상기관의 장"이라 한다)은 법원행정처장에게 재산조회시스템에 접속할 수 있는 권한을 부여하여 달라는 신청을 할 수 있다.

③ 제2항의 신청을 한 조회대상기관의 장은 법원행정처장에게 수신 가능한 전자우편주소를 신고하여야 한다.

제3조【재산조회절차】① 법원은 재산조회시스템에 다음 각호의 사항을 입력하는 방법으로 법 제74조 제1항 또는 제3항에 규정된 재산조회를 할 수 있다.

1. 사건의 표시
2. 조회대상기관의 명칭
3. 채무자의 이름·주소·주민등록번호(주민등록번호가 없는 사람의 경우에는 여권번호 또는 등록번호, 법인 또는 법인 아닌 사단이나 재단의 경우에는 사업자등록번호·납세번호 또는 고유번호를 말한다. 다음부터 이 모두를 "주민등록번호등"이라 한다), 그 밖에 채무자의 인적사항
4. 조회할 재산의 종류
5. 조회에 대한 회답기한
6. 별표 순번 1에 적은 기관의 장에게 재산명시명령이 송달되기 전 2년 안에 채무자가 보유한 재산내역에 대한 조회를 요구하는 때에는 그 취지와 조회기간
7. 법 제74조 제3항의 규정에 따라 채무자의 재산 및 신용에 관한 자료의 제출을 요구하는 때에는 그 취지
8. 법 제75조 제2항에 규정된 벌칙의 개요
9. 금융기관에 대하여 재산조회를 하는 경우에 관련법령에 따른 재산 및 신용에 관한 정보 등의 제공사실 통보의 유예를 요청하는 때에는 그 취지와 통보를 유예할 기간

② 재산조회시스템에 접속할 권한을 가진 협회 등에 소속된 다수의 금융기관에 대한 재산조회를 협회등을 통하여 하는 경우에도 제1항과 같은 방법으로 할 수 있다.

③ 법원은 제출된 조회회보서나 자료에 흠이 있거나 불명확한 점이 있을 때에도 제1항과 같은 방법으로 다시 조회하거나 자료의 재제출을 요구할 수 있다.

④ 법원서기관 · 법원사무관 · 법원주사 또는 법원주사보(다음부터 "법원사무관 등"이라 한다)는 필요한 경우에 제1항 내지 제3항의 재산조회명령(다음부터 "조회명령"이라 한다)을 하였음을 알리는 전자우편을 제2조 제3항에 따라 신고된 전자우편주소로 발송할 수 있다.

⑤ 재산조회시스템에 조회명령을 입력한 날을 조회대상기관의 장에게 조회명령이 도달한 날로 본다.

제4조 【조회회보절차】 ① 재산조회시스템에 접속할 권한이 있는 조회대상기관의 장은 수시로 인터넷을 통하여 재산조회시스템에 접속하여 조회명령이 있는지 여부를 확인하여야 한다.

② 조회명령을 받은 기관의 장은 정하여진 회답기한까지 재산조회시스템에 접속하여 다음 각호의 사항을 포함한 재산조회결과를 법원행정처장이 정하는 전자적 방법으로 기록하여야 한다.

1. 사건의 표시

2. 채무자의 표시

3. 조회를 받은 다음날 오전 영시 현재 채무자의 재산보유내역, 다만 제3조 제1항 제6호의 규정에 따른 조회를 받은 때에는 정하여진 조회기간 동안의 재산보유내역

③ 조회명령을 받은 기관의 장은 회답기한 내에 재산조회결과를 회보하지 못하는 정당한 사유가 있을 때에는 재산조회시스템에 접속하여 법원행정처장이 정하는 방법으로 그 사유를 신고하여야 한다.

④ 제3조 제2항의 방법으로 재산조회를 받은 금융기관의 장은 소속 협회 등의 장에게 제2항 각호의 사항에 관한 정보와 자료를 제공하여야 하고, 그 협회 등의 장은 제공받은 정보와 자료를 정리하여 한꺼번에 제2항과 같은 전자적 방법으로 기록하여야 한다.

⑤ 재산조회시스템에 장애가 발생한 경우에 제3조 제1항 제5호의 회답기한은 장애가 지속된 기간만큼 연장된다.

⑥ 법원사무관 등은 조회명령을 받은 기관의 장에게 재산조회결과의 회보를 촉구하는 내용의 전자우편을 제2조 제3항의 규정에 따라 신고된 전자우편주소로 발송할 수 있다.

⑦ 재산조회시스템에 재산조회결과를 제2항과 같은 전자적 방법으로 기록한 날을 법원에 재산조회결과를 회보한 날로 본다.

제5조【인증업무】법원행정처장은 제3조의 규정에 따라 법원이 한 조회명령의 내용과 그 일시, 조회명령을 받은 기관의 장이 제4조의 규정에 따라 기록한 재산조회결과의 내용과 그 일시를 확인할 수 있는 인증업무를 행한다.

제6조【사건의 종결】① 회답기한이 경과된 사건은 그 다음달 20일에 종결된다.

② 조회명령을 받은 기관의 장이 제4조 제3항의 신고를 한 경우에도 상당한 기간 내에 재산조회결과를 회보하지 아니하면 법원사무관 등은 재판장의 명령에 따라 사건을 종결한다.

③ 재판장이 재산조회신청서를 각하하거나 법원의 결정으로 재산조회신청을 각하한 경우에는 즉시항고기간이 경과한 후에 사건을 종결한다.

④ 법원이 재산조회신청을 기각한 경우에는 그 다음달 20일에 사건을 종결한다.

제7조【조회비용】 재산조회의 신청이 예납하여야 할 비용은 별표와 같다. 다만 제3조 제1항 제6호의 신청을 함께 하는 경우에는 2배액, 협회 등의 장에게 재산조회를 하는 경우(같은 협회 등에 소속된 다수의 금융기관에 대한 재산조회를 협회 등을 통하여 하는 경우를 포함한다)에는 4배액으로 한다.

제8조【비용예납절차】 재산조회의 신청인은 법원보관금규칙 제4조의 규정에 따라 지정된 법원보관금의 취급점(다음부터 "취급점"이라 한다) 또는 재산조회 신청사건을 접수하는 법원사무관 등에게 조회비용의 잔액환급용 예금계좌를 신고하여야 한다.

제9조【비용출급절차】 ① 조회대상기관의 장은 법원행정처장에게 조회비용을 송금받을 금융기관 예금계좌를 신고하여야 한다.
② 사건이 종결되면 법원사무관 등은 출납공무원에게 조회회보서를 제출한 기관에게 지급할 비용액을 통지하여야 한다.
③ 출납공무원은 제2항의 규정에 따른 통지를 받은 즉시 제1항의 규정에 따라 신고된 예금계좌로 조회비용을 입금하여야 한다.
④ 제3조 제2항의 방법으로 협회 등을 통하여 재산조회를 실시한 경우에는 협회 등에게 조회비용을 지급한다.

제10조【비용환급절차】 ① 사건이 종결되면 법원사무관 등은 조회비용의 잔액이 남아 있는지의 여부를 확인하여 잔액이 남아 있을 때에는

출납공무원에게 그 사실을 통지하여야 한다.

② 제1항의 통지를 받은 출납공무원은 제9조의 규정에 따른 예금계좌의 신고가 있을 때에는 즉시, 그 신고가 없을 때에는 재산조회의 신청인이 출석한 때에 각 환급지시사항을 취급점에 전송하고, 재산조회의 신청인에게 환급지시서를 교부하여 취급점에 제출하게 하여야 한다.

③ 법원이 조회명령을 한 이후에 재산조회신청을 취하하더라도 조회명령을 받은 기관에게 지급할 비용을 재산조회의 신청인에게 환급하지 아니한다.

제11조 【적용규정】 조회비용에 관하여 이 규칙이 정하는 사항 이외에는 법원보관금규칙에 따른다.

제12조 【전담관리자의 지정】 ① 법원장 또는 지원장은 재산조회결과를 전담하여 관리하는 직원(다음부터 "전담관리자"라 한다)을 지정하여야 한다.

② 전담관리자는 재산조회결과가 강제집행 외의 목적으로 사용되지 않도록 주의하여 업무를 처리하여야 하고 재산조회결과의 열람·출력의 신청이 있는 경우에만 재산조회결과를 검색할 수 있다.

③ 전담관리자가 아니면 재산조회결과를 검색하거나 열람·출력할 수 없다.

제13조 【재산조회결과의 열람·출력 신청】 ① 재산조회결과의 열람·출력의 신청은 다음 각호의 사항을 적은 서면에 의하여야 한다.

1. 채권자와 그 대리인의 이름·주소·주민등록번호 등

2. 채무자의 주소 또는 주민등록번호 등

3. 재산조회 신청사건의 표시(재산조회를 신청한 채권자가 재산조회결과의 열람·출력을 신청한 경우에 한한다)

② 채무자에 대하여 강제집행을 개시할 수 있는 채권자로서 재산조회신청을 하지 아니한 채권자가 재산조회결과의 열람·출력을 신청하는 때에 집행권원의 사본을 제출하여야 한다.

③ 전담관리자는 제1항 및 제2항의 채권자와 그 대리인의 신분 및 대리권이 있음을 확인하여야 한다.

제14조【회보결과의 검색 등】① 전담관리자는 재산조회 프로그램을 사용하여 재산조회결과를 검색하기 전에 제13조 제1항 제1호에 규정된 사항을 입력하여야 한다.

② 재산조회결과의 열람은 재산조회결과가 현출되어 있는 컴퓨터 모니터를 보게 하는 방법으로 한다.

③ 재산조회결과를 출력할 때에는 법원사무관 등은 출력물의 표지에 출력물의 기재내용이 재산조회결과와 동일함을 확인하고 기명날인하여야 한다.

제15조【수수료】① 재산조회결과의 열람·출력을 신청하는 사람이 납부하여야 할 수수료의 액은 다음 각호와 같다.

1. 열람·출력의 신청

1건마다 500원(이 경우 출력이 열람과 동시에 또는 열람 후 즉시 이루어지는 때에는 1권의 출력으로 본다)

2. 출력물의 교부

1장마다 100원

② 수수료는 수입인지로 납부하여야 한다.

③ 재산조회사건의 당사자 및 그 법정대리인, 소송대리인, 보조인 등이 그 사건의 재산조회결과의 열람·출력을 신청하는 때에는 제1항 제1호에 규정된 수수료를 납부하지 아니한다.

다만, 출력물의 교부를 받는 경우에는 출력물 1장마다 100원의 수수료를 납부하여야 한다.

제16조【정보 등의 제공 금지】전담관리자, 조회대상기관의 장, 조회대상기관에서 조회업무를 담당하는 사람은 관련법령에 정해진 경우가 아니면 재산조회 업무처리과정에서 얻은 자료나 정보를 다른 사람에게 제공하거나 누설하여서는 아니된다.

부 칙

제1조【시행일】이 규칙은 2002년 7월 1일부터 시행한다. 다만, 별표 순번 2내지 16에 적은 기관·단체에 대한 재산조회(제2조 제2항에 규정된 협회 등에 대한 재산조회를 포함한다)는 2003년 1월 1일부터 시행한다.

〔별표〕

순번	기관·단체	조회할 재산	조회비용
1	법원행정처	토지·건물의 소유권	20,000원
2	건설교통부	건물의 소유권	10,000원
3	특허청	특허권·실용신안권·의장권·상표권	20,000원
4	특별시·광역시 또는 도	자동차·건설기계의 소유권	기관별 5,000원
5	은행법에 의한 금융기관	금융실명거래 및 비밀보장에 관한 법률 제2조 제2호에 규정되 금융자산(다음부터 "금융자산"이라 한다) 중 계좌별로 시가 합계액이 50만원 이상인 것	기관별 5,000원
6	종합금융회사에 관한 법률에 의한 종합금융회사	금융자산 중 계좌별로 시가 합계액이 50만원 이상인 것	기관별 5,000원
7	상호저축은행법에 의한 상호저축은행	금융자산 중 계좌별로 시가 합계액이 50만원 이상인 것	기관별 5,000원
8	농업협동조합법에 의한 농업협동조합과 그 중앙회	금융자산 중 계좌별로 시가 합계액이 50만원 이상인 것	기관별 5,000원
9	수산업협동조합법에 의한 수산업협동조합과 그 중앙회	금융자산 중 계좌별로 시가 합계액이 50만원 이상인 것	기관별 5,000원
10	신용협동조합법에 의한 신용협동조합	금융자산 중 계좌별로 시가 합계액이 50만원 이상인 것	기관별 5,000원
11	산림조합법에 의한 산림조합	금융자산 중 계좌별로 시가 합계액이 50만원 이상인 것	기관별 5,000원
12	새마을금고법에 의한 새마을금고	금융자산 중 계좌별로 시가 합계액이 50만원 이상인 것	기관별 5,000원
13	신탁업법에 의한 신탁회사와 증권투자신탁법에 의한 위탁회사	금융자산 중 계좌별로 시가 합계액이 50만원 이상인 것	기관별 5,000원
14	증권거래법에 의한 증권회사·증권금융회사·중개회사 및 명의개서 대행업무를 수행하는 기관	금융자산 중 계좌별로 시가 합계액이 50만원 이상인 것	기관별 5,000원
15	보험업법에 의한 보험사업자	해약환급금이 50만원 이상인 보험계약	기관별 5,000원
16	정보통신부	금융자산 중 계좌별로 시가 합계액이 50만원 이상인 것	5,000원

가림출판사 · 가림M&B · 가림Let's에서 나온 책들

바늘구멍
켄 폴리트 지음 / 홍영의 옮김 / 신국판 / 342쪽 / 5,300원

레베카의 열쇠
켄 폴리트 지음 / 손연숙 옮김 / 신국판 / 492쪽 / 6,800원

암병선
니시무라 쥬코 지음 / 홍영의 옮김 / 신국판 / 300쪽 / 4,800원

첫키스한 얘기 말해도 될까
김정미 외 7명 지음 / 신국판 / 228쪽 / 4,000원

사미인곡 上 · 中 · 下
김충호 지음 / 신국판 / 각 권 5,000원

이내의 끝자리
박수완 스님 지음 / 국판변형 / 132쪽 / 3,000원

너는 왜 나에게 다가서야 했는지
김충호 지음 / 국판변형 / 124쪽 / 3,000원

세계의 명언
편집부 엮음 / 신국판 / 322쪽 / 5,000원

여자가 알아야 할 101가지 지혜
제인 아서 엮음 / 지창국 옮김 / 4×6판 / 132쪽 / 5,000원

현명한 사람이 읽는 지혜로운 이야기
이정민 엮음 / 신국판 / 236쪽 / 6,500원

성공적인 표정이 당신을 바꾼다
마츠오 도오루 지음 / 홍영의 옮김 / 신국판 / 240쪽 / 7,500원

태양의 법
오오카와 류우호오 지음 / 민병수 옮김 / 신국판 / 246쪽 / 8,500원

영원의 법
오오카와 류우호오 지음 / 민병수 옮김 / 신국판 / 240쪽 / 8,000원

석가의 본심
오오카와 류우호오 지음 / 민병수 옮김 / 신국판 / 246쪽 / 10,000원

옛 사람들의 재치와 웃음
강형중 · 김경익 편저 / 신국판 / 316쪽 / 8,000원

지혜의 쉼터
쇼펜하우어 지음 / 김충호 엮음 / 4×6판 양장본 / 160쪽 / 4,300원

헤세가 너에게
헤르만 헤세 지음 / 홍영의 엮음 / 4×6판 양장본 / 144쪽 / 4,500원

사랑보다 소중한 삶의 의미
크리슈나무르티 지음 / 최윤영 엮음 / 신국판 / 180쪽 / 4,000원

장자-어찌하여 알 속에 털이 있다 하는가
홍영의 엮음 / 4×6판 / 180쪽 / 4,000원

논어-배우고 때로 익히면 즐겁지 아니한가
신도희 엮음 / 4×6판 / 180쪽 / 4,000원

맹자-가까이 있는데 어찌 먼 데서 구하려 하는가
홍영의 엮음 / 4×6판 / 180쪽 / 4,000원

아름다운 세상을 만드는 사랑의 메시지 365
DuMont monte Verlag 엮음 / 정성호 옮김 /
4×6판 변형 양장본 / 240쪽 / 8,000원

황금의 법
오오카와 류우호오 지음 / 민병수 옮김 / 신국판 / 320쪽 / 12,000원

왜 여자는 바람을 피우는가?
기젤라 룬테 지음 / 김현성 · 진정미 옮김 / 국판 / 200쪽 / 7,000원

식초건강요법 건강식품연구회 엮음 / 신재용(해성한의원 원장) 감수
가장 쉽게 구할 수 있고 경제적인 식품이면서 상상할 수 없을 정
도로 뛰어난 약효를 지닌 식초의 모든 것을 담은 건강지침서!
신국판 / 224쪽 / 6,000원

아름다운 피부미용법 이순희(한독피부미용학원 원장) 지음
피부조직에 대한 기초 이론과 우리 몸의 생리를 알려줌으로써 아
름다운 피부, 젊은 피부를 오래 유지할 수 있는 비결 제시!
신국판 / 296쪽 / 6,000원

버섯건강요법 김병각 외 6명 지음
종양 억제율 100%에 가까운 96.7%를 나타내는 기적의 약용버섯
등 신비의 버섯을 통하여 암을 치료하고 비만, 당뇨, 고혈압, 동맥
경화 등 각종 성인병 예방을 위한 생활 건강 지침서!
신국판 / 286쪽 / 8,000원

성인병과 암을 정복하는 유기게르마늄
이상현 편저 / 캬오 샤오이 감수
최근 들어 각광을 받고 있는 새로운 치료제인 유기게르마늄을 통
한 성인병, 각종 암의 치료에 대해 상세히 소개.
신국판 / 312쪽 / 9,000원

난치성 피부병 생약효소연구원 지음
현대의학으로도 치유불가능했던 난치성 피부병인 건선 · 아토피
(태열)의 완치요법이 수록된 건강 지침서. 신국판 / 232쪽 / 7,500원

新 방약합편 정도명 편역
자신의 병을 알고 증세에 맞춰 스스로 처방을 할 수 있고 조제할
수 있는 보약 506가지 수록. 신국판 / 416쪽 / 15,000원

자연치료의학 오홍근(신경정신과 의학박사 · 자연의학박사) 지음
대한민국 최초의 자연의학박사가 밝힌 신비의 자연치료의학으로
자연산물을 이용하여 부작용 없이 치료하는 건강 생활 비법 공
개!! 신국판 / 472쪽 / 15,000원

약초의 활용과 가정한방 이인성 지음
주변의 흔한 식물과 약초를 활용하여 각종 질병을 간편하게 예
방 · 치료할 수 있는 비법제시. 신국판 / 384쪽 / 8,500원

역전의학 이시하라 유미 지음 / 유태종 감수
일반상식으로 알고 있는 건강상식에 대해 전혀 새로운 관점에서
비판하고 아울러 새로운 방법들을 제시한 건강 혁명 서적!!
신국판 / 286쪽 / 8,500원

이순희식 순수피부미용법 이순희(한독피부미용학원 원장) 지음
자신의 피부에 맞는 관리법으로 스스로 피부관리를 할 수 있는 방
법을 제시하고 책 속 부록으로 천연팩 재료 사전과 피부 타입별
팩 고르기. 신국판 / 304쪽 / 7,000원

21세기 당뇨병 예방과 치료법 이현철(연세대 의대 내과 교수) 지음
세계 최초 유전자 치료법을 개발한 저자가 당뇨병과 대항하여 가
장 확실하게 이길 수 있는 당뇨병에 대한 올바른 이론과 발병시
대처 방법을 상세히 수록! 신국판 / 360쪽 / 9,500원

신재용의 민의학 동의보감 신재용(해성한의원 원장) 지음
주변의 흔한 먹거리를 이용해 신비의 명약이나 보약으로 활용할
수 있는 건강 지침서로서 저자가 TV나 라디오에서 다 밝히지 못
한 한방 및 민간요법까지 상세히 수록!! 신국판 / 476쪽 / 10,000원

치매 알면 치매 이긴다 배오성(백상한방병원 원장) 지음
B.O.S.요법으로 뇌세포의 기능을 활성화시키고 엔돌핀의 분비효
과를 극대화시켜 증상에 맞는 한약 처방을 병행하여 치매를 치유
하는 획기적인 치유법 제시. 신국판 / 312쪽 / 10,000원

21세기 건강혁명 밥상 위의 보약 생식 최경순 지음
항암식품으로, 다이어트식으로, 젊고 탄력적인 피부를 유지할 수
있게 해주는 자연식으로의 생식을 소개하여 현대인들의 건강 길
라잡이가 되도록 하였다. 신국판 / 348쪽 / 9,800원

기치유와 기공수련 윤한홍(기치유 연구회 회장) 지음
누구나 노력만 하면 개발할 수 있고 활용할 수 있는 기 수련 방법
과 기치유 개발 방법 소개. 신국판 / 340쪽 / 12,000원

만병의 근원 스트레스 원인과 퇴치 김지혁(김지혁한의원 원장) 지음
만병의 근원인 스트레스를 속속들이 파헤치고 예방법까지 속시원
하게 제시!! 신국판 / 324쪽 / 9,500원

김종성 박사의 뇌졸중 119 김종성 지음
우리나라 사망원인 1위. 뇌졸중 분야의 최고 권위자인 저자가 일
상생활에서의 건강관리부터 환자간호에 이르기까지 뇌졸중의 예
방, 치료법 등 모든 것 수록. 신국판 / 356쪽 / 12,000원

탈모 예방과 모발 클리닉 장정훈 · 전재홍 지음
미용적인 측면과 우리가 일상적으로 고민하고 궁금해 하는 털에
관한 내용들을 다양하고 재미있게 예들을 들어가면서 흥미롭게
풀어간 것이 이 책의 특징. 신국판 / 252쪽 / 8,000원

구태규의 100% 성공 다이어트 구태규 지음
하이틴 영화배우의 다이어트 체험서. 저자만의 다이어트법을 제
시하면서 바람직한 다이어트에 대해서도 알려준다. 건강하게 날
씬해지고 싶은 사람들을 위한 필독서!
4×6배판 변형 / 240쪽 / 9,900원

암 예방과 치료법 이춘기 지음
암환자와 가족들을 위해서 암의 치료방법에서부터 합병증의 예방
및 암이 생기기 전에 알 수 있는 방법에 이르기까지 상세하게 해
설해 놓은 책. 신국판 / 296쪽 / 11,000원

알기 쉬운 위장병 예방과 치료법 민영일 지음
소화기관인 위와 관련 기관들의 여러 질환을 발병 원인, 증상, 치
료법을 중심으로 알기 쉽게 해설해 놓은 건강서.
신국판 / 328쪽 / 9,900원

이온 체내혁명 노보루 야마노이 지음 / 김병관 옮김
새로운 건강관리 이론으로 주목을 받고 있는 음이온을 통해 건강
을 돌볼 수 있는 방법 제시. 신국판 / 272쪽 / 9,500원

어혈과 사혈요법 정지천 지음
침과 부항요법 등을 사용하여 모든 질병을 다스릴 수 방법과 우
리 주변에서 흔하게 접할 수 있는 각 질병의 상황별 처치를 혈자
리 그림과 함께 해설. 신국판 / 308쪽 / 12,000원

약손 경락마사지로 건강미인 만들기 고정환 지음
경락과 민족 고유의 정신 약손을 결합시킨 약손 성형경락 마사지
로 수술하지 않고도 자신이 원하는 부위를 고치는 방법을 제시하
는 건강 미용서. 4×6배판 변형 / 284쪽 / 15,000원

정유정의 LOVE DIET 정유정 지음
널리 알려진 온갖 다이어트 방법으로 살을 빼려고 노력했던 저자
의 고통스러웠던 다이어트 체험담이 실려 있어 지금 살 때문에 고
민하는 사람들이 가슴에 와 닿는 나만의 다이어트 계획을 나름대
로 세울 수 있을 것이다. 4×6배판 변형 / 196쪽 / 10,500원

머리에서 발끝까지 예뻐지는 부분다이어트 신상만 · 김선민 지음
한약을 먹거나 침을 맞아 살을 빼는 방법, 아로마요법을 이용한
다이어트법, 운동을 이용한 부분비만 해소법 등이 실려 있으므로
나에게 맞는 방법을 선택해 날씬하고 예쁜 몸매를 만들 수 있을
것이다. 4×6배판 변형 / 196쪽 / 11,000원

알기 쉬운 심장병 119 박승정 지음
심장병에 관해 심장질환이 생기는 원인, 증상, 치료법을 중심으로

내용을 상세하게 해설해 놓은 건강서. 신국판 / 248쪽 / 9,000원

알기 쉬운 고혈압 119 이정균 지음
생활 속의 고혈압에 관해 일반인들이 관심을 가지고 예방할 수 있
도록 고혈압의 원인, 증상, 합병증 등을 상세하게 해설해 놓은 건
강서. 신국판 / 304쪽 / 10,000원

여성을 위한 부인과질환의 예방과 치료 차선희 지음
남들에게는 말할 수 없는 증상들로 고민하고 있는 여성들을 위해
부인암, 골다공증, 빈혈 등 부인과질환을 원인 및 치료방법을 중
심으로 설명한 여성건강 정보서. 신국판 / 304쪽 / 10,000원

알기 쉬운 아토피 119 이승규 · 임승엽 · 김문호 · 안유일 지음
감기처럼 흔하지만 암만큼 무서운 아토피 피부염의 원인에서부터
증상, 치료방법, 임상사례, 민간요법을 적용한 환자들의 경험담
등 수록. 신국판 / 232쪽 / 9,500원

120세에 도전한다 이권행 지음
아프지 않고 건강하게 오래 살기를 바라는 현대인들에게 우리 체
질에 맞는 식생활습관, 심신 활동, 생활습관, 체질별 · 나이별 양
생법을 소개. 장수하고픈 독자들의 궁금증을 풀어줄 것이다.
신국판 / 308쪽 / 11,000원

건강과 아름다움을 만드는 요가 정판식 지음
책을 보고서 집에서 혼자서도 할 수 있는 요가법 수록. 각종 질병
에 따른 요가 수정체조법도 담았으며, 별책 부록으로 한눈에 보는
요가 차트 수록. 4×6배판 변형 / 224쪽 / 14,000원

우리 아이 건강하고 아름다운 롱다리 만들기 김성훈 지음
키 작은 우리 아이를 롱다리로 만드는 비법공개. 식사습관과 생활
습관만의 변화로도 키를 크게 할 수 있으므로 키 작은 자녀를 둔
부모의 고민을 해결해 준다. 대국전판 / 236쪽 / 10,500원

알기 쉬운 허리디스크 예방과 치료 이종서 지음
전문가들의 의견, 허리병의 치료에서 가장 중요한 운동치료, 허리
디스크와 요통에 관해 언론에서 잘못 소개한 기사나 과장 보도한
기사, 대상이 광범위함으로써 생기고 있는 사이비 의술 및 상업적
인 의술을 시행하는 상업적인 병원 등을 소개함으로써 허리병을
앓고 있는 사람들에게 정확하고 올바른 지식을 전달하고자 하는
길라잡이서. 대국전판 / 336쪽 / 12,000원

소아과 전문의에게 듣는 알기 쉬운 소아과 119
신영규 · 이강우 · 최성항 지음
새내기 엄마, 아빠를 위해 올바른 육아법을 제시하고 각종 질병에
대한 치료법 및 예방법, 응급처치법을 소개.
4×6배판 변형 / 280쪽 / 14,000원

피가 맑아야 건강하게 오래 살 수 있다 김영찬 지음
현대인이 앓고 있는 고혈압, 당뇨병, 심장병 등은 피가 끈적거리
고 혈관이 너덜거려서 생기는 질병이다. 이러한 성인병을 치료하
려면 식이요법, 생활습관 개선 등을 통해 피를 맑게 해야 한다. 이
책에서는 피를 맑게 하기 위해 필요한 처방, 생활습관 개선법을
한의학적 관점에서 상세하게 설명하고 있다.
신국판 / 256쪽 / 10,000원

웰빙형 피부 미인을 만드는 나만의 셀프 피부건강 양해원 지음
모든 사람들이 관심 있어 하는 피부 관리를 집에서 할 수 있게 해
주는 실용서. 집에서 간단하게 만들 수 있는 화장수, 팩 등을 소개
하여 손안의 미용서 역할을 하고 있다. 대국전판 / 144쪽 / 10,000원

내 몸을 살리는 생활 속의 웰빙 항암 식품 이승남 지음
암=사형 선고라는 고정 관념을 깨자는 전제 아래 우리 밥상에서
흔히 볼 수 있는 먹거리로 암을 예방하며 치료하는 방법 소개. 암
환자와 그 가족들에게 희망을 안겨 줄 것이다.
대국전판 / 248쪽 / 9,800원

교 육

우리 교육의 창조적 백색혁명
원상기 지음 / 신국판 / 206쪽 / 6,000원

현대생활과 체육
조창남 외 5명 공저 / 신국판 / 340쪽 / 10,000원

퍼펙트 MBA
IAE유학네트 지음 / 신국판 / 400쪽 / 12,000원

유학길라잡이 I -미국편
IAE유학네트 지음 / 4×6배판 / 372쪽 / 13,900원

유학길라잡이 II - 4개국편
IAE유학네트 지음 / 4×6배판 / 348쪽 / 13,900원

조기유학길라잡이.com
IAE유학네트 지음 / 4×6배판 / 428쪽 / 15,000원

현대인의 건강생활
박상호 외 5명 공저 / 4×6배판 / 268쪽 / 15,000원

천재아이로 키우는 두뇌훈련
나카마츠 요시로 지음 / 민병수 옮김
머리가 좋은 아이로 키우기 위한 환경 만들기, 식사, 운동 등 연령별 두뇌 훈련법 소개. 국판 / 288쪽 / 9,500원

두뇌혁명 나카마츠 요시로 지음 / 민병수 옮김
『뇌내혁명』 하루야마 시게오의 추천작!! 어른들을 위한 두뇌 개발서로, 풍요로운 인생을 만들기 위한 '뇌'와 '몸' 자극법 제시.
4×6판 양장본 / 288쪽 / 12,000원

테마별 고사성어로 익히는 한자
김경익 지음 / 4×6배판 변형 / 248쪽 / 9,800원

生생 공부비법 이은승 지음
국내 최초 수학과외 수출의 주인공 이은승이 개발한 자기만의 맞춤식 공부학습법 소개. 공부도 하는 법을 알면 목표를 달성할 수 있다고 용기를 북돋우어 주는 실전 공부 비법서.
대국전판 / 272쪽 / 9,500원

자녀를 성공시키는 습관만들기 배은경 지음
성공하는 자녀를 꿈꾸는 부모들이 알아야 할 자녀 교육법 소개. 부모는 자녀 인생의 주연이 아님을 알아야 하며 부모의 좋은 습관, 건전한 생각이 자녀의 성공 인생을 가져온다는 내용을 담은 부모 및 자녀 모두를 위한 자기 계발서. 대국전판 / 232쪽 / 9,500원

취미 · 실용

김진국과 같이 배우는 와인의 세계 김진국 지음
포도주 역사에서 분류, 원료 포도의 종류와 재배, 양조 · 숙성 · 저장, 시음법, 어울리는 요리와 와인의 유통과 소비, 와인 시장의 현황과 전망, 와인 판매 요령, 와인의 보관과 재고의 회전, '와인 양조 비밀의 모든 것'을 동영상으로 담은 CD까지, 와인의 모든 것이 담긴 종합학습서. 국배판 변형양장본(올 컬러판) / 208쪽 / 30,000원

경제 · 경영

CEO가 될 수 있는 성공법칙 101가지
김승룡 편역 / 신국판 / 320쪽 / 9,500원

정보소프트 김승룡 지음 / 신국판 / 324쪽 / 6,000원

기획대사전 다카하시 겐코 지음 / 홍영의 옮김
기획에 관련된 모든 사항을 실례와 도표를 통하여 초보자에서 프로기획맨에 이르기까지 효율적으로 활용할 수 있도록 체계적으로 총망라하였다. 신국판 / 552쪽 / 19,500원

맨손창업 · 맞춤창업 BEST 74 양혜숙 지음
창업대행 현장 전문가가 추천하는 유망업종을 7가지 주제별로 나누어 수록한 맞춤창업서로 창업예비자들에게 창업의 길을 밝혀줄 발로 뛰면서 만든 실무 지침서!! 신국판 / 416쪽 / 12,000원

무자본, 무점포 창업! FAX 한 대면 성공한다
다카시로 고시 지음 / 홍영의 옮김 / 신국판 / 226쪽 / 7,500원

성공하는 기업의 인간경영 중소기업 노무 연구회 편저 / 홍영의 옮김
무한경쟁시대에서 각 기업들의 다양한 경영 실태 속에서 인사 · 노무 관리 개선에 있어서 기업의 효율을 높이고 발전을 이룰 수 있는 원칙을 제시. 신국판 / 368쪽 / 11,000원

21세기 IT가 세계를 지배한다 김광희 지음
21세기 화두로 떠오른 IT혁명의 경쟁력에 대해서 전문가의 논리적이고 철저한 해설과 더불어 매장 끝까지 실제 사례를 곁들여 설명. 신국판 / 380쪽 / 12,000원

경제기사로 부자아빠 만들기 김기태 · 신현태 · 박근수 공저
날마다 배달되는 경제기사를 꼼꼼히 챙겨보는 사람만이 현대생활에서 부자가 될 수 있다. 언론인의 현장감각과 학자의 전문성을 접목시킨 것이 이 책의 특성! 누구나 이 책을 읽고 경제원리를 체득, 경제예측을 할 수 있게 준비된 생활경제서적.
신국판 / 388쪽 / 12,000원

포스트 PC의 주역 정보가전과 무선인터넷 김광희 지음
포스트 PC의 주역으로 급부상하고 있는 정보가전과 무선인터넷 그리고 이를 구현하기 위한 관련 테크놀러지를 체계적으로 소개.
신국판 / 356쪽 / 12,000원

성공하는 사람들의 마케팅 바이블 채수명 지음
최근의 이론을 보완하여 내놓은 마케팅 관련 실무서. 마케팅의 정보전략, 핵심요소, 컨설팅실무까지 저자의 노하우와 창의적인 이론이 결합된 마케팅서. 신국판 / 328쪽 / 12,000원

느린 비즈니스로 돌아가라
사카모토 게이이치 지음 / 정성호 옮김
미국식 스피드 경영에 익숙해져 현실의 오류를 간과하고 있는 사람들을 위한 어떻게 팔 것인가보다 무엇을 팔 것인가를 설명하는 마케팅 컨설턴트의 대안 제시서! 신국판 / 276쪽 / 9,000원

적은 돈으로 큰돈 벌 수 있는 부동산 재테크 이원재 지음
700만 원으로 부동산 재테크에 뛰어들어 100배 불린 저자가 부동산 재테크를 계획하고 있는 사람들이 반드시 알아두어야 할 내용을 경험담을 담아 해설해 놓은 경제서. 신국판 / 340쪽 / 12,000원

바이오혁명 이주영 지음
21세기 국가간 경쟁부문으로 새로이 떠오르고 있는 바이오혁명에 관한 기초지식을 언론사에 몸담고 있는 현직 기자가 아주 쉽게 해설해 놓은 바이오 가이드서. 바이오 관련 용어 해설 수록.
신국판 / 328쪽 / 12,000원

성공하는 사람들의 자기혁신 경영기술 채수명 지음
자기 계발을 통한 신지식 자기경영마인드를 갖추어야 한다는 전제 아래 그 방법을 자세하게 알려주는 자기계발 지침서.
신국판 / 344쪽 / 12,000원

CFO 교텐 토요오 · 타하라 오키시 지음 / 민병수 옮김
일반인들에게 생소한 용어인 CFO, 즉 최고 재무책임자의 역할이 지금까지와는 완전히 달라져야 한다. 기업을 이끌어가는 새로운 키잡이로서의 CFO의 역할, 위상 등을 일본의 기업을 중심으로 하여 알아보고 바람직한 방향을 제시한다.
신국판 / 312쪽 / 12,000원

네트워크시대 네트워크마케팅 임동학 지음
학력, 사회적 지위 등에 관계 없이 자신이 노력한 만큼 돈을 벌 수 있는 네트워크마케팅에 관해 알려주는 안내서.
신국판 / 376쪽 / 12,000원

성공리더의 7가지 조건
다이앤 트레이시 · 윌리엄 모건 지음 / 지창영 옮김

개인과 팀, 조직관계의 개선을 위한 방향제시 및 실천을 위한 안
내자 역할을 해주는 책. 현장에서 활용할 수 있는 실용서.
신국판 / 360쪽 / 13,000원

김종결의 성공창업 김종결 지음
누구나 창업을 할 수는 있지만 아무나 돈을 버는 것은 아니다라는
전제 아래 중견 연기자로서, 음식점 사장님으로 성공한 탤런트 김
종결의 성공비결을 통해 창업전략과 성공전략을 제시한다.
신국판 / 340쪽 / 12,000원

최적의 타이밍에 내 집 마련하는 기술 이원재 지음
부동산을 통한 재테크의 첫걸음 '내 집 마련'의 결정판. 체계적이
고 한눈에 쏙 들어 오는 '내 집 장만 과정'을 쉽게 풀어놓은 부동
산재테크서. 신국판 / 248쪽 / 10,500원

컨설팅 세일즈 Consulting sales 임동학 지음
발로 뛰는 영업이 아니라 머리로 하는 영업이 절실히 요구되는 시
대 상황에 맞추어 고객지향의 세일즈, 과제해결 세일즈, 구매자와
공급자 간에 서로 만족하는 세일즈법 제시.
대국전판 / 336쪽 / 13,000원

연봉 10억 만들기 김농주 지음
연봉으로 말해지는 임금을 재테크 하여 부자가 될 수 있는 방법
제시. 고액의 연봉을 받기 위해서 개인이 갖추어야 할 실무적 능
력, 태도, 마음가짐, 재테크 수단 등을 각 주제에 따라 구체적으로
제시함으로써 부자를 꿈꾸는 사람들이 그 희망을 이룰 수 있게 해
준다. 국판 / 216쪽 / 10,000원

주5일제 근무에 따른 한국형 주말창업 최효진 지음
우리나라 실정에 맞는 주말창업 아이템의 제시 및 창업시 필요한
정보를 얻을 수 있는 곳, 주의해야 할 점, 실전 인터넷 쇼핑몰 창
업, 표준사업계획서 등을 수록하여 지금 당장이라도 내 사업을 할
수 있게 해주는 창업 길라잡이서.
신국판 변형 양장본 / 216쪽 / 10,000원

돈 되는 땅 돈 안되는 땅 김영준 지음
부동산 틈새시장에서 성공하는 투자 노하우를 신행정수도 예정지
및 고속철도 역세권 등 투자 유망지역을 중심으로 완벽하게 수록
해 놓은 부동산 재테크서. 신국판 / 300쪽 / 13,000원

주 식

개미군단 대박맞이 주식투자
홍성걸(한양증권 투자분석팀 팀장) 지음
초보에서 인터넷을 활용한 주식투자까지 필자의 현장에서의 경험
을 바탕으로 한 주식 성공전략의 모든 정보 수록.
신국판 / 310쪽 / 9,500원

알고 하자! 돈 되는 주식투자 이길영 외 2명 공저
일본과 미국의 주식시장을 철저한 분석과 데이터화를 통해 한국
주식시장의 투자의 흐름을 파악함으로써 한국 주식시장에서의 확
실한 성공전략 제시!! 신국판 / 388쪽 / 12,500원

항상 당하기만 하는 개미들의 매도·매수타이밍 999% 적중 노하우
강경무 지음
승부사를 꿈꾸며 와신상담하는 모든 이들에게 희망의 등불이 될
것을 확신하는 Jusicman이 주식시장에서 돈벌고 성공할 수 있는
비결 전격공개!! 신국판 / 336쪽 / 12,000원

부자 만들기 주식성공클리닉 이창희 지음
저자의 경험담을 섞어서 주식이란 무엇인가를 풀어서 써놓은 주
식입문서. 초보자와 자신을 성찰해볼 기회를 가지려는 기존의 투
자자를 위해 태어났다. 신국판 / 372쪽 / 11,500원

선물·옵션 이론과 실전매매 이창희 지음
선물과 옵션시장에서 일반인들이 실패하는 원인을 분석하고, 반
드시 지켜야 할 투자원칙에 따라 유형별로 실전 매매 테크닉을 터
득함으로써 투자를 성공적으로 할 수 있게 한 지침서!!
신국판 / 372쪽 / 12,000원

너무나 쉬워 재미있는 주가차트 홍성무 지음
주식시장에서는 차트 분석을 통해 주가를 예측하는 투자자만이
주식투자에서 성공하므로 차트에서 급소를 신속, 정확하게 뽑아
내 매매타이밍을 잡는 방법을 알려주는 주식투자 지침서.
4×6배판 / 216쪽 / 15,000원

역 학

역리종합 만세력 정도명 편저 / 신국판 / 532쪽 / 10,500원

작명대전 정보국 지음 / 신국판 / 460쪽 / 12,000원

하락이수 해설 이천교 편저 / 신국판 / 620쪽 / 27,000원

현대인의 창조적 관상과 수상
백운산 지음 / 신국판 / 344쪽 / 9,000원

대운용신영부적 정재원 지음 / 신국판 양장본 / 750쪽 / 39,000원

사주비결활용법 이세진 지음 / 신국판 / 392쪽 / 12,000원

컴퓨터세대를 위한 新 성명학대전
박용찬 지음 / 신국판 / 388쪽 / 11,000원

길흉화복 꿈풀이 비법 백운산 지음 / 신국판 / 410쪽 / 12,000원

새천년 작명컨설팅 정재원 지음 / 신국판 / 470쪽 / 13,000원

백운산의 신세대 궁합 백운산 지음 / 신국판 / 304쪽 / 9,500원

동자삼 작명학 남시모 지음 / 신국판 / 496쪽 / 15,000원

구성학의 기초 문길여 지음 / 신국판 / 412쪽 / 12,000원

법률 일반

여성을 위한 성범죄 법률상식 조명원(변호사) 지음
성희롱에서 성폭력범죄까지 여성이었기 때문에 특히 말 못하고
당해야만 했던 이 땅의 여성들을 위한 성범죄 법률상식서. 사례별
법적 대응방법 제시. 신국판 / 248쪽 / 8,000원

아파트 난방비 75% 절감방법 고영근 지음
예비역 공군소장이 잘못 부과된 아파트 난방비를 최고 75%까지
줄일 수 있는 방법을 구체적인 법적 근거를 토대로 작성한 아파트
난방비 절감방법 제시. 신국판 / 238쪽 / 8,000원

일반인이 꼭 알아야 할 절세전략 173선 최성호(공인회계사) 지음
세법을 제대로 알면 돈이 보인다. 현직 공인중계사가 알려주는 합
법적으로 세금을 덜 내고 돈을 버는 절세전략의 모든 것!
신국판 / 392쪽 / 12,000원

변호사와 함께하는 부동산 경매 최환주(변호사) 지음
새 상가건물임대차보호법에 따른 권리분석과 채무자나 세입자의
권리방어기법은 제시한다. 또한 새 민사집행법에 따른 각 사례별
해설도 수록. 신국판 / 404쪽 / 13,000원

혼자서 쉽고 빠르게 할 수 있는 소액재판 김재용·김종철 공저
나홀로 소액재판을 할 수 있도록 소장작성에서 판결까지의 실제
재판과정을 상세하게 수록하여 이 책 한 권이면 모든 것을 완벽하
게 해결할 수 있다. 신국판 / 312쪽 / 9,500원

"술 한 잔 사겠다"는 말에서 찾아보는 채권·채무 변환철(변호사) 지음
일반인들이 꼭 알아야 할 채권·채무에 관한 법률 사항을 빠짐없
이 수록. 신국판 / 408쪽 / 13,000원

알기쉬운 부동산 세무 길라잡이 이건우(세무서 재산계장) 지음
부동산에 관련된 모든 세금을 알기 쉽게 단계별로 해설. 합리적이
고 탈세가 아닌 적법한 절세법 제시. 신국판 / 400쪽 / 13,000원

알기쉬운 어음, 수표 길라잡이 변환철(변호사) 지음
어음, 수표의 발행에서부터 도난 또는 분실한 경우의 공시최고와
제권판결에 이르기까지 어음, 수표 관련 법률사항을 쉽고도 상세
하게 압축해 놓은 생활법률서. 신국판 / 328쪽 / 11,000원

제조물책임법 강동근(변호사) · 윤종성(검사) 공저
제품의 설계, 제조, 표시상의 결함으로 소비자가 피해를 입었을
때 제조업자가 배상책임을 져야 하는 제조물책임 시대를 맞아 제
조업자가 갖춰야 할 법률적 지식을 조목조목 설명해 놓은 법률서.
신국판 / 368쪽 / 13,000원

알기 쉬운 주5일근무에 따른 임금 · 연봉제 실무
문강분(공인노무사) 지음
최근의 행정해석과 판례를 중심으로 임금관련 문제를 정리하고
기업에서 관심이 많은 연봉제 및 성과배분제, 비정규직문제, 여성
근로자문제 등의 이슈들과 주40시간제 법개정, 퇴직연금제 도입
등 최근의 법 · 시행령 개정사항을 모두 수록한 임금 · 연봉제실무
지침서. 4×6배판 변형 / 544쪽 / 35,000원

변호사 없이 당당히 이길 수 있는 형사소송 김대환 지음
우리 생활과 함께 숨쉬는 형사법 서식을 구체적인 사례와 함께 소
개. 내 손으로 간결하고 명확한 고소장 · 항소장 · 상고장 등 형사
소송서식을 작성할 수 있다. 형사소송 관련 서식 CD 수록.
신국판 / 304쪽 / 13,000원

변호사 없이 당당히 이길 수 있는 민사소송 김대환 지음
민사, 호적과 가사를 포함한 생활과 밀접한 관련이 있는 생활법률
전반을 보통 사람들이 가장 궁금해하는 내용을 위주로 하여 사례
를 들어가며 아주 쉽게 풀어놓은 민사 실무서.
신국판 / 412쪽 / 14,500원

혼자서 해결할 수 있는 교통사고 Q&A 조명원(변호사) 지음
현실에서 본인이 아무리 원하지 않더라도 운명처럼 누구에게나
닥칠 수 있는 교통사고 문제를 사례, 각급 법원의 주요 판례와 함
께 정리하여 일반인들도 쉽게 이해할 수 있도록 내용 구성.
신국판 / 336쪽 / 12,000원

생활법률

부동산 생활법률의 기본지식 대한법률연구회 지음 / 김원중(변호사)
감수 / 신국판 / 480쪽 / 12,000원

고소장 · 내용증명 생활법률의 기본지식
하태웅(변호사) 지음 / 신국판 / 440쪽 / 12,000원

노동 관련 생활법률의 기본지식
남동희(공인노무사) 지음 / 신국판 / 528쪽 / 14,000원

외국인 근로자 생활법률의 기본지식
남동희(공인노무사) 지음 / 신국판 / 400쪽 / 12,000원

계약작성 생활법률의 기본지식
이상도(변호사) 지음 / 신국판 / 560쪽 / 14,500원

지적재산 생활법률의 기본지식
이상도(변호사) · 조의제(변리사) 공저 / 신국판 / 496쪽 / 14,000원

부당노동행위와 부당해고 생활법률의 기본지식
박영수(공인노무사) 지음 / 신국판 / 432쪽 / 14,000원

주택 · 상가임대차 생활법률의 기본지식
김운용(변호사) 지음 / 신국판 / 480쪽 / 14,000원

하도급거래 생활법률의 기본지식
김진흥(변호사) 지음 / 신국판 / 440쪽 / 14,000원

이혼소송과 재산분할 생활법률의 기본지식
박동섭(변호사) 지음 / 신국판 / 460쪽 / 14,000원

부동산등기 생활법률의 기본지식
정상태(법무사) 지음 / 신국판 / 456쪽 / 14,000원

기업경영 생활법률의 기본지식
안동섭(단국대 교수) 지음 / 신국판 / 466쪽 / 14,000원

교통사고 생활법률의 기본지식
박정무(변호사) · 전병찬 공저 / 신국판 / 480쪽 / 14,000원

소송서식 생활법률의 기본지식
김대환 지음 / 신국판 / 480쪽 / 14,000원

호적 · 가사소송 생활법률의 기본지식
정주수(법무사) 지음 / 신국판 / 516쪽 / 14,000원

상속과 세금 생활법률의 기본지식
박동섭(변호사) 지음 / 신국판 / 480쪽 / 14,000원

담보 · 보증 생활법률의 기본지식
류창호(법학박사) 지음 / 신국판 / 436쪽 / 14,000원

소비자보호 생활법률의 기본지식
김성천(법학박사) 지음 / 신국판 / 504쪽 / 15,000원

판결 · 공정증서 생활법률의 기본지식
정상태(법무사) 지음 / 신국판 / 312쪽 / 12,000원

처 세

성공적인 삶을 추구하는 여성들에게 우먼파워
조안 커너 · 모이라 레이너 공저 / 지창영 옮김
사회의 여성을 향한 냉대와 편견의 벽을 깨뜨리고 성공적인 삶을
이루려는 여성들이 갖추어야 할 자세 및 삶의 이정표 제시!!
신국판 / 352쪽 / 8,800원

聽 이익이 되는 말 話 손해가 되는 말
우메시마 미요 지음 / 정성호 옮김
직장이나 집안에서 언제나 주고받는 일상의 화제를 모아 실음으
로써 대화의 참의미를 깨닫고 비즈니스를 성공적으로 이끌기 위
한 대화술을 키우는 방법 제시!! 신국판 / 304쪽 / 9,000원

성공하는 사람들의 화술테크닉 민영욱 지음
개인간의 사적인 대화에서부터 대중을 위한 공적인 강연에 이르
기까지 어떻게 말하고 어떻게 스피치를 할 것인가에 관한 지침서.
신국판 / 320쪽 / 9,500원

부자들의 생활습관 가난한 사람들의 생활습관
다케우치 야스오 지음 / 홍영의 옮김
경제학의 발상을 기본으로 하여 사람들이 살아가면서 생활에서
생각해 볼 수 있는 이익을 보는 생활습관과 손해를 보는 생활습관
을 수록, 독자 자신에게 맞는 생활습관의 기본 전략을 설계할 수
있도록 제시. 신국판 / 320쪽 / 9,800원

코끼리 귀를 당긴 원숭이-히딩크식 창의력을 배우자
강충인 지음
코끼리와 원숭이의 우화를 히딩크의 창조적 경영기법과 리더십에
대비하여 자기혁신, 기업혁신을 꾀하는 창의력 개발법을 제시.
신국판 / 208쪽 / 8,500원

성공하려면 유머와 위트로 무장하라 민영욱 지음
21세기에 들어 새로운 추세를 형성하고 있는 말 잘하기. 이러한
추세에 맞추어 현재 스피치 강사로 활약하고 있는 저자가 말을 잘
하는 방법과 유머와 위트를 만들고 즐기는 방법을 제시한다.
신국판 / 292쪽 / 9,500원

등소평의 오뚝이전략 조창남 편저
중국 역사상 정치 · 경제 · 학문 등의 분야에서 최고 위치에 오른
리더들의 인재활용, 상황 극복법 등 처세 전략 · 전술을 통해 이
시대의 성공인으로 자리매김하는 해법 제시.
신국판 / 304쪽 / 9,500원

노무현 화술과 화법을 통한 이미지 변화 이현정 지음
현재 불교방송에서 활동하고 있는 이현정 아나운서의 화술 길라
잡이서. 노무현 대통령의 독특한 화술과 화법을 통해 리더로서,
성공인으로서 갖추어야 할 화술 화법을 배우는 화술 실용서.
신국판 / 320쪽 / 10,000원

성공하는 사람들의 토론의 법칙 민영욱 지음
다양한 사람들의 다양한 욕구를 하나로 응집시키는 수단으로 등
장하고 있는 토론에 관해 간단하고 쉽게 제시한 토론 길라잡이서.

신국판 / 280쪽 / 9,500원

사람은 칭찬을 먹고산다 민영욱 지음
현대에서 성공하는 사람으로 남기 위해서는 남을 칭찬할 줄도 알
아야 한다. 성공하는 사람이 되기 위해서 알아야 할 칭찬 스피치
의 기법, 특징 등을 실생활에 적용해 설명해놓은 성공처세 지침
서. 신국판 / 268쪽 / 9,500원

사과의 기술 김농주 지음
미안하다는 말에 인색한 한국인들에게 'I' sorry."가 성공을 위한
처세 기법으로 다가온다. 직장, 가정 등 다양한 환경에서 사과 한
마디의 의미, 기능을 알아보고 효율성을 가진 사과가 되기 위해
갖추어야 할 조건을 제시한다. 신국판 변형 양장본 / 200쪽 / 10,000원

취업 경쟁력을 높여라 김농주 지음
각 기업별 특성 및 취업 정보 분석과 예비 취업자의 능력 개발, 자
신의 적성에 맞는 직종과 직장을 잡는 법을 상세하게 수록.
신국판 / 280쪽 / 12,000원

명 상

명상으로 얻는 깨달음 달라이 라마 지음 / 지창영 옮김
티베트의 정신적 지도자이자 실질적 지도자인 달라이 라마의 수
많은 가르침 가운데 현대인에게 필요해지고 있는 인내에 대한 이
야기. 국판 / 320쪽 / 9,000원

어 학

2진법 영어 이상도 지음
2진법 영어의 비결을 통해서 기존 영어학습 방법의 단점을 말끔
히 해소시켜 주는 최초로 공개되는 고효율 영어학습 방법. 적은
시간을 투자하여 영어의 모든 것을 획기적으로 향상시킬 수 있는
비법을 제시한다. 4×6배판 변형 / 328쪽 / 13,000원

한 방으로 끝내는 영어 고제윤 지음
일상생활에서의 이야기를 바탕으로 하는 영어강의로 영어문법은
재미없고 지루하다고 생각하는 이 땅의 모든 사람들의 상식을 깨
면서 학습 효과를 높이기 위한 공부방법을 제시하는 새로운 영어
학습서. 신국판 / 316쪽 / 9,800원

한 방으로 끝내는 영단어 김승엽 지음 / 김수경 · 카렌다 감수
일상생활에서 우리가 무심코 던지는 영어 한마디가 당신의 영어
수준을 드러낸다는 사실을 깨닫게 하는 영어 실용서. 풍부한 예문
을 통해 참영어를 배우겠다는 사람, 무역업이나 관광 안내업에 종
사하는 사람, 영어권 나라로 이민을 가려는 사람들에게 많은 도움
을 줄 것이다. 4×6배판 변형 / 236쪽 / 9,800원

해도해도 안 되던 영어회화 하루에 30분씩 90일이면 끝낸다
Carrot Korea 편집부 지음
온라인과 오프라인을 넘나들면서 영어학습자들의 각광을 받고 있
는 린다의 현지 생활 영어 수록. 교과서에서 배울 수 없었던 생생
한 실생활 영어를 90일 학습으로 모두 끝낼 수 있다.
4×6배판 변형 / 260쪽 / 11,000원

바로 활용할 수 있는 기초생활영어 김수경 지음
다양한 상황에 대처할 수 있도록 인사나 감정 표현, 전화나 교통,
장소 및 기타 여러 사항에 관한 기초생활영어를 총망라.
신국판 / 240쪽 / 10,000원

바로 활용할 수 있는 비즈니스영어 김수경 지음
해외 출장시, 외국의 바이어 접견시 기본적으로 사용할 수 있는
상황별 센텐스를 수록하여 해외 출장 준비 및 외국 바이어 접견을
완벽하게 끝낼 수 있게 했다. 신국판 / 252쪽 / 10,000원

생존영어55 홍일록 지음
살아 있는 영어를 익힐 수 있는 기회 제공. 반드시 알아야 할 핵심
센텐스를 저자가 미국 현지에서 겪었던 황당한 사건들과 함께 수

록, 재미도 느낄 수 있다. 신국판 / 224쪽 / 8,500원

필수 여행영어회화 한현숙 지음
해외로 여행을 갔을 때 원어민에게 바로 통할 수 있는 발음 수록.
자신 있고 당당한 자기 표현으로 즐거운 여행을 할 수 있도록 손
안의 가이드 역할을 해줄 것이다. 4×6판 변형 / 328쪽 / 7,000원

필수 여행일어회화 윤영자 지음
가깝고도 먼 나라라고 흔히 말해지는 일본을 제대로 알기 위해 노
력하는 사람들에게 손안의 가이드 역할을 하는 실전 일어회화집.
일어 초보자들을 위한 한글 발음 표기 및 필수 단어 수록.
4×6판 변형 / 264쪽 / 6,500원

필수 여행중국어회화 이은진 지음
중국에서의 생활이나 여행에 꼭 필요한 상황별 회화, 반드시 알아
야 할 1500여 개의 단어에 한자병음과 우리말 표기를 원음에 가
깝게 달아 놓았으므로 든든한 도우미가 되어 줄 것이다.
4×6판 변형 / 256쪽 / 7,000원

영어로 배우는 중국어 김승엽 지음
중국으로 여행을 가거나 출장을 가는 사람들이 알아두어야 할 기
초 생활 회화와 여행 회화를 영어, 중국어 동시에 익힐 수 있게 내
용을 구성. 신국판 / 216쪽 / 9,000원

필수 여행스페인어회화 유연창 지음
은행, 병원, 교통 수단 이용하기 등 외국에서 직접적으로 맞닥뜨
리게 되는 상황을 설정하여 바로바로 도움을 받을 수 있게 간단한
회화를 한글 발음 표기와 같이 수록하여 손안의 도우미 역할을 해
줄 것이다. 4×6판 변형 / 288쪽 / 7,000원

바로 활용할 수 있는 홈스테이 영어 김형주 지음
일반 가정생활, 학교생활에서 꼭 알아야 할 상황별 회화 · 문법 ·
단어를 수록, 유학생활 동안 원어민 가족과 살면서 영어를 좀더
쉽게 배울 수 있도록 알려주는 안내서. 신국판 / 184쪽 / 9,000원

레포츠

수열이의 브라질 축구 탐방 삼바 축구, 그들은 강하다 이수열 지음
축구에 대한 관심만으로 각 나라의 축구팀, 특히 브라질 축구팀에
애정을 가지고 브라질 축구팀의 전력 및 각 선수들의 장단점을 나
름대로 분석하고 연구하여 자신의 의견을 피력하고 있는 축구 길
라잡이서. 신국판 / 280쪽 / 8,500원

마라톤, 그 아름다운 도전을 향하여 빌 로저스 · 프리실라 웰
치 · 조 헨더슨 공저 / 오인환 감수 / 지창영 옮김
마라톤에 입문하고자 하는 초보 주자들을 위한 마라톤 가이드서.
올바르게 달리는 법, 음식 조절법, 달리기 전 준비운동, 주자에게
맞는 프로그램 짜기, 부상 예방법을 상세하게 설명하고 있다.
4×6배판 / 320쪽 / 15,000원

퍼팅 메커닉 이근택 지음
감각에 의존하는 기존 방식의 퍼팅은 이제 그만!!
저자 특유의 과학적 이론을 신체근육 운동학에 접목시켜 몸의 무
리를 최소한으로 덜고 최대한의 정확성과 거리감을 갖게 하는 새
로운 퍼팅 메커닉 북. 4×6배판 변형 / 192쪽 / 18,000원

아마골프 가이드 정영호 지음
골프를 처음 시작하는 모든 아마추어 골퍼를 위해 보다 쉽고 빠르
게 이해할 수 있도록 내용이 구성된 아마골프 레슨 프로그램서.
4×6배판 변형 / 216쪽 / 12,000원

인라인스케이팅 100%즐기기 임미숙 지음
레저 문화에 새로운 강자로 자리매김하고 있는 인라인 스케이팅
을 안전하고 재미있게 즐길 수 있도록 알려주는 인라인 스케이팅
지침서. 각단계별 동작을 한눈에 알아볼 수 있도록 세부 동작별
일러스트 수록. 4×6배판 변형 / 172쪽 / 11,000원

배스낚시 테크닉 이종건 지음
현재 한국배스스쿨에서 강사로 활약하고 있는 아마추어 배스 낚
시꾼이 중급 수준의 배스 낚시꾼들이 자신의 실력을 한 단계 업그
레이드 시킬 수 있도록 루어의 활용, 응용법 등을 상세하게 해설.

4×6배판 / 440쪽 / 20,000원

나도 디지털 전문가 될 수 있다!!! 이승훈 지음
깜찍한 디자인과 간편하게 휴대할 수 있다는 장점 때문에 새로운
생활필수품으로 자리를 잡아가고 있는 디카·디캠을 짧은 시간
안에 쉽게 배울 수 있도록 해놓은 초보자를 위한 디카·디캠길라
잡이서. 4×6배판 / 320쪽 / 19,200원

스키 100% 즐기기 김동환 지음
스키 인구의 확산 추세에 따라 스키의 기초 이론 및 기본 동작부
터 상급의 기술까지 단계별 동작을 전문가의 동작사진을 곁들여
내용 구성. 4×6배판 변형 / 184쪽 / 12,000원

태권도 총론 하웅의 지음
우리의 국기 태권도에 관한 실용 이론서. 지도자가 알아야 할 사
항, 태권도장 운영이론, 응급처치법 및 태권도 경기규칙 등 필수
내용만 수록. 4×6배판 / 288쪽 / 15,000원

건강하고 아름다운 동양란 기르기 난마을 지음
동양란 재배의 첫걸음부터 전시회 출품까지 동양란의 모든 것 수
록. 동양란의 구조·특징·종류·감상법, 꽃대 관리·꽃 피우
기·발색 요령 등 건강하고 아름다운 동양란 만들기로 구성.
4×6배판 변형 / 184쪽 / 12,000원

수영 100% 즐기기 김종만 지음
물 적응하기부터 수영용품, 수영과 건강, 응용수영 및 고급 수영
기술에 이르기까지 주옥 같은 수중촬영 연속사진으로 자세히 설
명해 주는 수영기법 Q&A. 4×6배판 변형 / 248쪽 / 13,000원

애완견114 황양원 엮음
애완견 길들이기, 애완견의 먹거리, 멋진 애완견 만들기, 애완견
의 질병 예방과 건강, 애완견의 임신과 출산, 애완견에 대한 기타
관리 등 애완견을 기를 때 반드시 알아야 할 내용 수록.
4×6배판 변형 / 228쪽 / 13,000원

건강을 위한 웰빙 걷기 이강옥 지음
건강 운동으로서 많은 사람들의 관심을 모으고 있는 걷기운동을
상세하게 설명. 걷기시 필요한 장비, 올바른 걷기 자세를 설명하
고 고혈압·당뇨병·비만증·골다공증 등 성인병과 관련해 걷기
운동을 했을 때 얻을 수 있는 효과를 수록하여 성인병을 예방하고
치료할 수 있도록 하였다. 대국전판 / 280쪽 / 10,000원

우리 땅 우리 문화가 살아 숨쉬는 옛터 이형권 지음
우리나라에서 가장 가보고 싶은 역사의 현장 19곳을 선정, 그 터
에 어린 조상의 숨결과 역사적 증언을 만날 수 있는 시간 제공. 맛
있는 집, 찾아가는 길, 꼭 가봐야 할 유적지 등 핵심 내용 선별 수
록. 대국전판 올컬러 / 208쪽 / 9,500원

아름다운 산사 이형권 지음
우리나라의 대표적인 산사를 찾아 계절 따라 산사가 주는 이미지,
산사가 안고 있는 역사적 의미를 되새겨 본다. 동시에 산사를 찾
음으로써 생활에 찌든 현대인들이 삶의 활력을 되찾는 시간을 갖
게 한다. 대국전판 올컬러 / 208쪽 / 9,500원

골프 100타 깨기 김준모 지음
읽고 따라 하기만 해도 100타를 깰 수 있는 골프의 전략·전술의
비법 공개. 뛰어난 골프 실력은 올바른 그립과 어드레스에서 비롯
됨을 강조한 초보자를 위한 실전 골프 지침서.
4×6배판 변형 / 136쪽 / 10,000원

쉽고 즐겁게! 신나게! 배우는 재즈댄스 최재선 지음
몸치인 사람도 쉽게 따라 하고 배우는 재즈댄스 안내서. 이 책에
실려 있는 기본 동작을 익혀 재즈댄스를 하면 생활 속의 긴장과
스트레스를 털어버리고 활력을 되찾을 수 있으며, 다이어트 효과
도 얻을 수 있다. 4×6배판 변형 / 200쪽 / 12,000원

맛과 멋이 있는 낭만의 카페 박성찬 지음
가족끼리, 연인끼리 추억을 만들고 행복한 시간을 보낼 수 있는
서울 근교의 카페를 엄선하여 소개. 카페에 대한 인상 및 기본 정
보, 인근 볼거리 등도 함께 수록하여 손안의 인터넷 정보서가 될
수 있게 했다. 대국전판 올컬러 / 168쪽 / 9,900원

대한법률연구회가 만드는 생활법률의 기본지식 19

일 · 반 · 인 · 을 · 위 · 한

판결 · 공정증서 생활법률의 기본지식

지은이/정상태
펴낸이/강선희
펴낸곳/가림M&B

등록/1999. 1. 18. 제5-89호
주소/서울 광진구 구의동 57-71 부원빌딩 4층
대표전화/458-6451   팩스/458-6450
홈페이지 http://www.galim.co.kr
e-mail galim@galim.co.kr

ISBN 89-89107-39-3 13360